DESÓRDENES BIBLIOTECA DE ENSAYO

El fin de la clase media

y el nacimiento de la sociedad de bajo coste

Massimo Gaggi y Edoardo Narduzzi

El fin de la clase media

y el nacimiento de la sociedad de bajo coste

Traducción de ***Cuqui Weller***

DESÓRDENES
BIBLIOTECA DE ENSAYO
22
LENGUA DE TRAPO

www.lenguadetrapo.com

Diseño original de colección: Rafa Sañudo - Ana Díaz / RaRo SL
Desarrollo posterior del diseño: Departamento de diseño LdT
Fotografía de cubierta: © José Luis Santalla
Título del original italiano: *La fine del ceto medio e la nascita della società low cost*

Marqués de Valdeiglesias 5, 5.º izqda.
28004 Madrid
Teléfono: 915210813
www.lenguadetrapo.com
Correo electrónico: info@lenguadetrapo.com

ISBN: 84-96080-88-9
Depósito legal: M-45296-2006
Imprime: TOP PRINTER PLUS SLL
Impreso en España

Índice

Introducción

Por todas partes aparecen nuevos ricos que ostentan su opulencia; entre los trabajadores (en general los no especializados) y pensionistas se detectan focos de pobreza imprevistos; la clase media, en progresivo decrecimiento, pierde renta y seguridad: la sociedad está inmersa en una tempestad. Un fenómeno común a gran parte de las democracias industriales de Occidente, pero que en Italia se ha agudizado por el impacto de una paralización económica más grave y duradera que en otros mercados y por una difusión de la evasión fiscal que hace difícil mirar a los nuevos ricos como el producto de un mercado cada vez más despiadado —la *«ruthless economy»* (economía despiadada) teorizada por Simon Head, director de la Century Foundation— pero que en cualquier caso funciona (Head, 2003).

Este terremoto, que altera profundamente los mecanismos de distribución de la renta, acelera los procesos que están llevando a la sustancial desaparición de la «clase media» tal y como la hemos conocido en el siglo XX: poco a poco ha perdido sus señas de identidad porque las condiciones históricas que habían determinado su éxito han desaparecido. Pero también se debe a otros factores: sobre todo el fin de la era de las expectativas crecientes, en la que quien no estaba ya «tocado» por el bienestar se sentía, en cualquier caso, «en lista de espera» y no excluido; el final de las seguridades ocupacionales y también el impacto en la estructura social de mecanismos de mercado cuyas señas de identidad se modifican continuamente debido a la evolución tecnológica.

En muchos países la difusión de la oferta de productos y servicios *«low cost»* («de bajo coste»), al aumentar sensiblemente el poder adquisitivo de los salarios, empieza a tener más peso que una reforma fiscal o que el *welfare* (bienestar). Por lo tanto, tiende a sustituir las viejas estratificaciones de intereses en torno a los mecanismos de redistribución gestionados desde el gobierno por una masa indiferenciada: una «clase que ya no es clase» compuesta por sujetos que, cada vez más, piden ser tutelados como consumidores, además de como contribuyentes y como perceptores —actuales o potenciales— de pensiones, asistencia y ayudas de distintos tipos. Este inmenso *milieu* social limita, por abajo, con las «nuevas pobrezas» de los trabajadores no especializados que se encuentran compitiendo con la mano de obra de los países en vías de desarrollo y, por arriba, con una gran clase acomodada compuesta por los ricos «consolidados» y por la burguesía del conocimiento.

El declive de la clase media no es ciertamente un relámpago que llega sin avisar: en 1985 (Rosenthal, 1985), el economista del departamento de estadística del Ministerio de Trabajo estadounidense Neal H. Rosenthal se preguntaba si ya se había iniciado —como lo habían denunciado otros— una polarización de las rentas con la consiguiente progresiva reducción de la clase media y la creación, por un lado, de una gran masa de ricos y, por otro, de un ejército de nuevos proletarios. Su análisis lo llevaba a concluir que hasta ese momento no se había verificado nada parecido. Añadía, sin embargo, que los procesos de desindustrialización —entonces apenas iniciados— y el desarrollo de las nuevas tecnologías de alta rentabilidad podrían provocar un fenómeno de este tipo a partir de la segunda mitad de los años noventa.

Sus previsiones se han revelado bastante exactas, como también la convicción —con visión de futuro, puesto que en 1985 todavía estábamos en la era pre-Internet, Microsoft era una pequeña empresa y Bill Gates estaba empezando a monopolizar los ordenadores personales mundiales con su nuevo sistema operativo— de que las industrias *«high tech»* («de alta tecnología») favorecerían una polarización de las rentas.

Otras voces se han dejado oír en los últimos años: precisamente a mediados de los años noventa (julio de 1997), Rudi Dornbusch, economista del Massachusetts Institute of Technology (MIT), célebre por sus análisis mordaces y un lenguaje rudo y socarrón, publicó *Bye bye middle class,* un ensayo en el que preveía la inminente desaparición del *«big government»* («gran gobierno») (la tendencia de muchos gobiernos a incluir en la esfera pública la mayoría de los servicios dados a los ciudadanos y también una porción considerable de las actividades productivas), del *welfare state* (estado del bienestar) y de la propia «clase media, acostumbrada a la comodidad, por no decir a la pereza». Dornbusch era consciente de que la abolición del estado del bienestar era un desafío que los gobiernos no sabían cómo afrontar. Advertía, sin embargo, que los políticos debían empezar a prepararse para los tiempos difíciles, en los que la competición entre sistemas y empresas, las privatizaciones y la globalización, además de algunas innegables ventajas económicas, producirían también graves problemas sociales, empezando, precisamente, por una reducción de las rentas del trabajador no especializado. Un desafío políticamente difícil, sobre todo para una Europa sacudida, por un lado, por las «inevitables desigualdades y la coexistencia de millonarios enriquecidos gracias a las tecnologías, mientras, por el otro, los electores de la antigua clase media se sienten aislados». Así pues, Dornbusch pronosticaba desde entonces una navegación tempestuosa por democracias que se ven obligadas a ajustar cuentas, al mismo tiempo, con un aumento de las desigualdades y una difusa seguridad económica. Veía sólo una luz en el horizonte: la inminente llegada del euro como «oportunidad para una nueva y dinámica visión de Europa». Si estuviese vivo aún, quién sabe qué abrasivas ironías reservaría a la Europa de hoy, en plena crisis económica, institucional y de liderazgo político.

Una crisis que puede empujar a los gobiernos del Viejo Continente a ignorar o subestimar el problema de la reinterpretación, además del saneamiento financiero, de sistemas de bienestar que se han construido basándose, sobre todo, en la capacidad contributiva de la clase media: sistemas que están por lo tanto perdiendo la *«constituency»* («los electores potenciales») de referencia. Quizá se podría incluso afirmar que estos sistemas han perdido parte de su legitimación política original porque era precisamente la clase media el principal mantenedor político de una infraestructura pública que tenía como finalidad la reducción de los riesgos y las inseguridades de la vida individual y colectiva. Aquí existen, obviamente, problemas de garantías mínimas irrenunciables, de derechos que tutelar, de nuevos equilibrios entre libertad y seguridad (el trabajo autónomo ofrece más libertad pero menos garantías). Y también existe la necesidad de proyectar cualquier reforma a largo plazo.

Pero el problema no radica sólo en el volumen de los recursos financieros disponibles: es importante también el modo en que estos derechos se tutelan. Un sistema de garantías sociales al servicio de las necesidades de una sociedad «desclasificada» sólo puede ser, al menos en parte, original. La forma de organización y las modalidades de funcionamiento de una administración pública pensada para servir a los intereses de la economía material tienden, por ejemplo, a uniformarse en este contexto: la cosa pública en los tiempos de la producción industrial repetía lógicas y modelos de la industria pesada y de masa. Hoy, en una sociedad que tiene la etiqueta del cuaternario (es decir, obtiene valores de los servicios innovadores ofrecidos por encima de los básicos), la ayuda que se pide a la administración tiene que ver con la rapidez y la flexibilidad de proceder, así como con el volumen de los servicios producidos.

La filosofía del consumo de bajo coste, en definitiva, llegará inevitablemente a la esfera pública: lo que significa que quien gobierna el Estado deberá repensar la oferta pública teniendo en cuenta la menor disponibilidad de la clase de la masa para mantener la carga de su financiación. En otras palabras, tendrá que emerger la capacidad de dar vida a un verdadero y propio bienestar de bajo coste.

Capítulo I. Érase una vez la clase media. Del poder de los productores al de los consumidores

Muchos piensan que la clase media es una entidad social que acompaña desde siempre a la historia de la humanidad: una clase a mitad de camino entre los pocos ricos y los demasiados desheredados que —con formas, mitologías, ritos y costumbres distintos— ha acompañado el ascenso y caída de las sociedades nacionales a lo largo de la historia.

En realidad, la clase media como la conocemos hoy, en el sentido bastante poco marxista de la «*middle class*» anglosajona, aparece hace relativamente poco tiempo en la articulación social, y ni siquiera ha llegado a todo el planeta. Tanto es así que en muchas realidades locales, como los países todavía dirigidos por regímenes centralizadores y totalitarios o los Estados que sólo ahora están conociendo la industrialización y el progreso económico, la clase media no se ha manifestado nunca, al menos como la concebimos en Occidente. ¿Cuándo se formó entonces esta clase media? Y, sobre todo, ¿por qué en un momento dado las sociedades tienen la exigencia de recurrir a una identidad hasta ese momento desconocida?

Si lo llevamos al extremo —y sin la pretensión de someter un fenómeno tan complejo a una «revisión» histórica y sociológica— se pueden identificar tres razones distintas que han favorecido la gradual aparición de la clase media en los últimos doscientos años, hasta su consagración en la segunda mitad del siglo XX.

Sobre todo hay una razón económica. La consolidación de los cambios comerciales había favorecido, antes de la llegada de la Revolución industrial, la formación de una clase social acomodada y numerosa —mercaderes, profesionales, banqueros— cuyos destinos económicos, a diferencia de lo que les sucedía a la aristocracia y a la masa de ciudadanos, no estaban estrechamente ligados a la tierra. En Francia, esta clase fue bautizada como «burguesía», precisamente para diferenciarla todo lo posible de las demás clases sociales.

No obstante, si en el curso del siglo XIX no se hubiera liberado la enorme energía de la Revolución industrial, la clase burguesa mercantil habría mantenido su condición marginal en la sociedad: en una economía centrada en la producción agrícola no habría existido ningún «atentado» al predominio de la propiedad latifundista. Con la Revolución industrial, sin embargo, se concretan dos hechos que cambian el perfil de la época: por un lado, se forma —y rápidamente se consolida— una clase obrera que es el indispensable eje de transmisión de descubrimientos e innovaciones originales que, gracias a inversiones ingentes en maquinaria y en sistemas de producción completamente nuevos, ofrecen nuevas expectativas de producción y de consumo. A la vez se desarrolla —y adquiere una dimensión palpable— una clase intermedia compuesta por empleados, profesores, profesionales liberales, burócratas, pequeños empresarios y artesanos que, inconscientemente, empiezan a perseguir objetivos sociales comunes y a creer en valores parecidos.

Así, con la Revolución industrial toma forma, más allá de cualquier organización superior, una realidad social original que en apenas un siglo se convertirá en la dimensión más distintiva y con mayor poder de negocio de las sociedades occidentales. Es la clase que, hace relativamente poco, dio lugar al *baby boom* y al milagro económico de la posguerra; la que ha creado primero el estado del bienestar inglés y después el europeo, y que ha sufrido la fascinación visionaria de la «nueva frontera» de John Kennedy. Pero es también la clase que ya en la primera mitad del siglo pasado posibilitó la producción en serie, cuya filosofía permanece esculpida en una frase de Henry Ford: «Los clientes que nos encargan nuestros coches modelo T pueden elegir libremente el color que prefieran, con tal de que sea negro».

Una clase que, gracias a la gran industria, se convierte asimismo en un verdadero grupo de demanda global: el ideal para programar una producción en serie poco diversificada, pero igualmente capaz de satisfacer las ambiciones de mejora continua de la calidad de vida que desde siempre han distinguido a la clase media. En esa fase histórica, la clase intermedia compraba todo lo que la industria material y la —naciente— de los servicios eran capaces de proponer: desde automóviles hasta lavadoras, desde zapatos con cordones hasta sombreros de fieltro, desde el magnetófono hasta «irse de veraneo», algo que poco a poco se convierte en fenómeno de masas.

Sin la clase media no se habrían podido producir y comercializar a gran escala —al menos lo indispensable para recuperar con algún beneficio las ingentes inversiones requeridas por la cadena de producción— los bienes materiales de la Revolución industrial. Al mismo tiempo, sin una producción en serie uniforme y poco diferenciada, la clase media no habría tenido los ídolos en los que encontrar una única identidad social.

Se adquieren sin discusión objetos que hoy se analizan y se aceptan o se rechazan sobre la base de gustos selectivos en continua evolución en ese periodo: verdaderas «piedras angulares» en torno a las que se ha desarrollado una especie de tipo ideal de familia media. Una familia que conquistaba el derecho de que se la incluyera en la clase media precisamente porque había conseguido adquirir, utilizar y exhibir los nuevos productos de la industrialización difundida.

De esta manera, la clase intermedia se convierte —sin darse cuenta y, quizá, sin desearlo— también en una realidad política.

Y político es el segundo factor de crecimiento de dicha clase. Si el proletariado se ha considerado durante mucho tiempo una realidad potencialmente revolucionaria, es decir, una dimensión social con tendencia a poner en entredicho el orden constituido y los equilibrios de poder consolidados con el objeto de conseguir espacio para sus propias reivindicaciones, la clase media se ha encontrado a gusto en la interpretación de un papel que podríamos definir como contrarrevolucionario: un grupo social homogéneamente alineado en defensa de un cambio progresivo que, sin embargo, debía suceder sin alterar los equilibrios ya existentes en la sociedad. Prácticamente, el papel político de la *«middle class»*, con la apertura del progreso material, ha acabado por ser sobre todo el de contener el empuje «subversivo» de la clase obrera. Precisamente en virtud de este papel y por la expansión del bienestar la clase media se ha transformado en una clase numéricamente fundamental en el cuerpo electoral, en el objeto de deseo de los programas de los partidos políticos.

El peso político de la «clase contrarrevolucionaria» ha cambiado así de sitio: del papel de freno social ante el empuje revolucionario del proletariado al de fuerza capaz de determinar la agenda política, el verdadero motor de la mayoría de las reformas adoptadas. Empezando por la más importante de todas: la creación, durante el siglo XX, del estado del bienestar, un sistema amplio y articulado de protecciones sociales integradas por servicios que ofrece el Estado (y financiados usando la presión fiscal).

La tercera razón de la consolidación de la clase media, que se hace cuerpo social determinante, se encuentra en su capacidad de obtener una «institucionalización» de mecanismos políticos de enfrentamiento competitivo en el seno de unas reglas compartidas. De esta manera, los sistemas democráticos, que en las épocas precedentes se habían desarrollado de forma inestable, echan raíces más estables que ahondan hasta el contrato social establecido por las constituciones. La sociedad de la producción a gran escala, encaminada hacia nuevas vías de progreso histórico, primero por la Revolución industrial y después por la democracia difundida, necesitaba un grupo social al que confiar la definición de los nuevos valores basados en la convivencia.

Es un nuevo contrato social que se afirma con las constituciones decimonónicas y que crea una continuidad entre libertades económicas y políticas, garantiza a las clases medias espacios de maniobra y el derecho de crear y transmitir los propios valores de identidad. La clase media encuentra así la dimensión histórica que le consiente convertirse en el motor del cambio de una sociedad agrícola a una posindustrial. Porque sobre los cimientos de la clase media se apoyan tanto la sociedad posindustrial anunciada por el sociólogo americano Daniel Bell en 1973 (Bell, 1991) —un contexto productivo caracterizado por el valor que produce el sector terciario, es decir, los servicios que ofrecen sobre todo profesionales atribuibles a la clase media o empresas organizadas por figuras emergentes de empresarios-profesionales, como los fundadores de los primeros bancos de negocios o de las sociedades de consultoría estratégica— como el análisis del economista John Kenneth Galbraith que, en *El nuevo estado industrial* (Galbraith, 1984), publicado en la misma época que el texto de Bell, describe un Estado industrial inmerso en las lógicas de la planificación y de la programación en detrimento de las elecciones autónomas, un sistema gobernado por una clase tecnócrata emergente, producto directo, de hecho, del *milieu* burgués.

Pero ni siquiera la clase media es capaz de parar el curso de la historia o —si se prefiere— de sobrevivir al llamado «final de la historia». Superadas las razones económicas, políticas y sociales que la habían hecho emerger, la clase media se prepara para dejar la escena.

Ya no hay en el horizonte una revolución de clase que tienda a subvertir el orden definido por el contrato social. La economía material se ha hecho también inmaterial y actúa en un contexto globalizado donde la demanda es más importante que la oferta. La clase de los productores —con límites bien definidos y capaz de identificar un sistema común de intereses y valores que hay que defender— se diluye cada vez más en el universo indiferenciado de los consumidores.

La legítima defensa de intereses asume de repente el perfil de una anacrónica obcecación corporativa de la que el consumidor globalizado se ríe. Los valores que tenían que estar celosamente custodiados y transmitidos tienden a dilatarse hasta llegar a los límites del «todo es posible». Este relativismo de los valores, la nebulización de las referencias culturales y sociales entre *«reality show»* y turismo intercontinental de bajo coste, convertido en fenómeno de masas, empañan la identidad de la clase media y la empujan en direcciones inimaginables hace tan sólo una generación.

Así, entran en crisis los mismos elementos que hicieron posible la creación de la clase media: la razón política, el origen económico y la identidad social. Caminamos hacia una sociedad que ya no tiene obreros, pero tampoco un papel preciso para profesores y médicos: una realidad indiferenciada —más monocorde que homogénea— cada vez menos capaz de rechazar la diversidad de las aspiraciones, de las necesidades, de los deseos de consumo. Y también de definir sus referencias culturales y sus «plataformas» políticas.

Es la clase «de las» masas sin barreras —por tanto, no la clase «de» masas de la identidad proletaria—, que de hecho pierde progresivamente sus señas de identidad de clase, ya que representa la mayor parte del cuerpo social, del que están excluidos solamente, por abajo, los trabajadores no especializados y, por arriba, las clases reducidas de los beneficiarios de la riqueza generada por el conocimiento creativo. Esta última es la punta de lanza empresarial y profesional de éxito que el estudioso americano Richard Florida ha clasificado como la nueva clase creativa[1]: sustancialmente, las clases de

[1] Aunque verdaderamente se trata de un nivel de análisis ya subrayado precedentemente por otros estudiosos. A Richard Florida (Florida, 2002) se le reconoce el mérito —no sin importancia en un mercado de consumo de masa que incluye las síntesis intelectuales de éxito— de haber sido el primero en descubrir la «marca» de clase creativa.

renta alta que otro economista estadounidense, Robert Reich —Ministro de Trabajo durante la primera legislatura de Clinton—, a principios de los años noventa, había catalogado con la etiqueta de «analistas simbólicos», mientras en el extremo de la pirámide social colocaba a las clases —más consistentes, pero en cualquier caso siempre minoritarias— de trabajadores sin una formación profesional específica, que cada vez quedan más relegados a papeles marginales (Reich, 1993).

Esta clase de masas se caracteriza por un consumo de bajo coste: adquisiciones nómadas fácilmente repetibles y reconocibles en todo el mundo: Ikea, Ryanair, Wal-Mart, Virgin, Zara, Prêt à Manger, H&M son sólo algunas de las marcas que interpretan la nueva identidad comportamental del fin de la clase media. Un universo de marcas y empresas planetarias que cada año crece más, pero que hace veinte años estaba vacío, si no se tiene en cuenta a McDonald's, principal distribuidor del mundo de *«fast food»* (comida rápida) e inventor también del *«low cost food»* (comida de bajo coste).

De hecho, es un verdadero magma social. Un contexto en continua ebullición en el que alguien sube y otro baja en la jerarquía de la potencialidad de realización y de vida, pero siempre dentro de un campo de acción «delimitado» y compartido. En el magma conviven una, cien, mil y ninguna clase: cada grupo tiende a distinguirse por detalles más o menos pequeños, pero ninguno tiene las características necesarias para que lo consagren como clase media o nueva clase de referencia.

Nos deslizamos, así, casi sin enterarnos, mucho más allá de la lógica —todavía clasista— del estado del bienestar (pensiones modestas para la siderurgia pero suntuosas para la telefónica y la eléctrica; la protección de la regulación de empleo para los parados de la industria, pero no para los de los servicios, etcétera), para dejar sitio a un universo humano flexible, descontractualizado, deseoso de ampliar al máximo las posibilidades de consumo. Un universo infraideologizado, decidido a procurarse bienes y servicios en el proveedor mundial que ofrece las condiciones más ventajosas, que pretende una menor mediación por parte de las instituciones tradicionales, religiosamente abierto, integrado en tiempo real con todos los canales de comunicación o de interacción y cada vez menos centrado en las tradicionales agencias de socialización, empezando precisamente por la familia.

Fenómenos como la crisis de los partidos políticos o de la prensa, que son además el resultado de una serie de procesos de origen distinto (desde la crisis de confianza en un sistema político que tiende cada vez más a sustituir el empuje ideal por la pura profesionalidad hasta la difusión de nuevos «medios» electrónicos que ocupan el espacio de los periódicos de papel), deben interpretarse en este contexto: resulta muy difícil estar en sintonía con una sociedad que, acabada la historia y la economía de la materia, se libera de las limitaciones de la dimensión «contrarrevolucionaria» y de la elección delegada para hacerse preguntas sin límites, fluidas, segmentadas, apolíticas o neopolíticas, simplificadas y cínicas.

Es la sociedad del poder difundido que no se puede contener con barreras políticas y organizativas heredadas del pasado reciente. Es un contexto en espera de ser gobernado por alguien que sepa definir un nuevo marco de referencia, quizá una nueva dimensión intelectual capaz de reinterpretar los conceptos de progreso y desarrollo. Un ejemplo: la intolerancia a los impuestos elevados para financiar un modelo de bienestar que ya no interpreta de la mejor manera las necesidades de las nuevas articulaciones sociales no significa que haya desaparecido la demanda de protecciones económicas básicas frente al Estado. Es necesaria una clase política que incluya esta nueva realidad y actúe en consecuencia. Sabiendo, eso sí, que nadie puede decir hoy si en el futuro será posible aislar intereses y valores lo bastante fuertes como para añadir nuevas mayorías de ciudadanos o si, por el contrario, las emociones o sugestiones serán cada vez más los instrumentos fundamentales de la mercadotecnia política.

Lo que se puede sostener con razonable certeza es que, con el fin de la clase media, llega al final del trayecto también la gran transformación social de la Revolución industrial y se entra en una nueva era caracterizada por:

1) el nacimiento de una aristocracia muy patrimonializada y acaudalada, capaz de asegurar consumos significativos de bienes; son los vencedores en la ruleta de la innovación capitalista que ha vuelto a pagar con sumas astronómicas la apuesta, entendida como idea transformada en producto o servicio original, concebida para dar vida a empresas de éxito;

2) la afirmación de una elite bastante numerosa de tecnócratas del conocimiento con rentas medio-altas y notable capacidad para consumir lo que ahora ya ofrece a gran escala la industria de los países avanzados; los componentes de esta elite alternan consumos personalizados por el valor añadido con adquisiciones decididas según la conveniencia del precio requerido; raramente ascienden al olimpo de los millonarios mientras que con mayor facilidad pueden encontrarse, en el curso de la vida, «degradándose» en la masa;

3) una sociedad masificada de renta medio-baja pero a la que la industria de bajo coste garantiza el acceso a bienes y servicios en otro tiempo reservados a clases más acomodadas: el elemento de decoración diseñado por el estilista de genio pero a precios de Ikea, los «autobuses del cielo» que permiten, a un precio asequible, eliminar los rigores del invierno con breves estancias en climas templados. Pero también los cruceros en naves nodrizas que, si bien vistas desde fuera parecen rascacielos flotantes, resultan en realidad cómodas y ofrecen multitud de servicios y una gran cantidad de diversiones. Es lo que podríamos llamar «Ryanair *society*» o sociedad de bajo coste;

4) una clase «proletarizada» o con escaso poder adquisitivo (desde los obreros hasta los pensionistas sin rentas complementarias, pasando por los profesores y funcionarios con una familia a su cargo y que cobran el salario mínimo), que consumirá bienes de primera necesidad, sustituirá el coche por el transporte público y vivirá de servicios sociales esenciales,

cada vez más próxima a modelos sociales de «Tercer Mundo» emergente.

Para comprender mejor qué escenarios se esconden detrás del fin de la clase media, tenemos que movernos precisamente desde el punto más avanzado de los fenómenos que hemos descrito.

Capítulo II. El crepúsculo del consumidor burgués Tres mil millones de nuevos capitalistas en marcha

La clase media, aunque sin una razón de ser política —su papel de contención de los empujes revolucionarios de la clase obrera—, probablemente habría sobrevivido al transcurrir del tiempo si la razón económica que había favorecido su formación no se hubiera desintegrado como la nieve al sol. La sociedad intermedia representaba y representa el tipo ideal de consumidor de última necesidad, preparado para comprar cualquier producto que la oferta sea capaz de proponerle. Mejor si va acompañado de cualquier mensaje promocional. Las producciones materiales del siglo pasado se han centrado en las potencialidades de consumo de la clase media: el automóvil, los primeros fármacos, los electrodomésticos, la construcción residencial, el mundo editorial, el ordenador; y a través de todo esto en acaparar todo el universo de productos que han acompañado el aumento del bienestar de los consumidores.

El matrimonio era perfecto: la industria concebía nuevos productos capaces de satisfacer necesidades a veces reales, a veces solamente latentes, y los presentaba a la voracidad de la clase media, preparada para representar el propio papel de consumidor obediente y poco selectivo. Así las empresas crecían y con ellas también la potencialidad de adquisición de la clase media. Una relación aparentemente indisoluble: por una parte, la clase media, al ahorrar, ponía gran parte del capital necesario a disposición de la industria material para poder ampliar la oferta; por otra parte, al consumir a manos llenas todo lo que podía, satisfacía sus deseos y se realizaba en el plano de la identidad de clase.

Un sistema con su equilibrio, capaz también de contener el empuje revolucionario de la minoría que estaba llamada a hacer funcionar esas máquinas: obreros que veían en cualquier caso crecer también su nivel de bienestar y que empezaban a tener la fundada esperanza de subir algún peldaño en la escala social, pasando de ser obreros a ser empleados.

Este sistema funciona mientras el escenario de acción e interacción permanece restringido al ámbito nacional o poco más. Cuando algunos aspectos de esta ecuación estallan o se ponen en entredicho en cuanto a su utilidad «superior», entonces también la clase media está obligada a encarar lo nuevo que avanza. Y en este caso lo nuevo ha avanzado con dos máscaras: la del triunfo de la economía de mercado y la del capitalismo sin fronteras.

El primer aspecto tiene una implicación intrínsecamente política porque supone un papel del mercado más allá de la dimensión del lugar organizado para el intercambio, hasta convertirse en una verdadera y propia ideología colectiva. Sólo el mercado, según esta interpretación, puede garantizar desarrollo, inclusión, democracia y justicia social. El mercado es la única ideología de la historia «acabada», es decir, la ideología elemental que habilita el funcionamiento regular y aceptado de los intercambios. Pero un mercado transformado en ideología dominante no necesita una clase contrarrevolucionaria que lo defienda, que tutele los intereses que manifiesta. O, por lo menos, así lo creen sus sacerdotes, mientras no se manifiesten algunas reacciones de «rechazo», como el no a la Constitución europea en los referendos de la primavera de 2005 en Francia y Holanda. Por otro lado, en una economía que ya no es nacional sino globalizada —y aquí llegamos al segundo aspecto—, cambian también los papeles de las clases sociales y el propio sistema de los intereses que hay que defender.

En este terremoto económico, productivo y social, no se cumple el doble papel desarrollado por la clase media: por un lado, el de centro de intereses homogéneos en las democracias electivas posindustriales (dique natural, por lo tanto, no sólo del comunismo sino también del capitalismo «salvaje e hipercompetitivo») y, por otro, el de mantenedor de un nivel óptimo de demanda adicional de bienes de consumo duraderos, necesario para que la industria alcance economías de escala y genere valores; en definitiva, para ganar consenso.

Hoy, ninguna de estas dos condiciones «se mantiene»: la democracia representativa tiene que afrontar la pulverización de los intereses que ya no pueden contar con el cúmulo de ideologías «fuertes» y de un sistema productivo cerrado y basado en bienes de consumo estandarizados, capaces de encarnar un estatus social. La demanda ha alcanzado una escala global, los productos son infinitos y se han hecho «interclasistas» (el ejemplo más citado hoy es el de la iPod), las empresas materiales pueden recuperar en los mercados de Brasil o China las ventas perdidas en Alemania o Italia.

La globalización ha provocado trastornos económicos y sociales que producirán «tres mil millones de nuevos capitalistas», como dice el eficaz eslogan convertido en el título del último libro de Clyde Prestowitz, gurú republicano del libre comercio (fue consejero del presidente Reagan y negociador de los acuerdos comerciales internacionales durante su mandato). Según Prestowitz (Prestowitz, 2005), las dinámicas actuales son hijas de la coincidencia de tres factores: la derrota del comunismo, que ha empujado a tres mil millones de chinos, rusos e indios al capitalismo (interpretado, además, de manera bastante «agresiva»); la revolución de Internet, que ha «anulado el tiempo»; y la difusión de la mensajería aérea de bajo coste —desde Federal Express a Dhl—, que ha «anulado el espacio». El trabajo de estos enormes grupos de bajo coste se está utilizando en (casi) cualquier parte del mundo porque permite transferir rápidamente mercancías y prestaciones intelectuales con gravámenes insignificantes. Si Estados Unidos no espabila, China volverá pronto a ocupar un papel central, como en la época del Imperio Medio: hacia el año 2050 China superará a los Estados Unidos en renta nacional bruta (aunque, si se usa como medidor el poder adquisitivo, el adelantamiento podría cumplirse en 2025).

Es precisamente este progresivo desplazamiento de los equilibrios de la demanda mundial hacia los países llamados emergentes lo que mina en la base los cimientos económicos sobre los que la clase media ha encontrado en los últimos siglos su estabilidad. Si la disminución de la demanda del *milieu* social francés está más que compensada por la capacidad de consumo de los neoacomodados indios, entonces, para quien invierte en el sistema productivo, la necesidad de una clase de consumidores occidentales con la cartera llena se convierte en un aspecto menos vital.

Dos factores explican bastante bien las razones por las que las lógicas productivas y mercantiles contemporáneas implican la superación de la clase media o, como mínimo, de su papel. Las sociedades «neófitas» del capitalismo global de corte occidental, las asiáticas en particular, están lo más alejadas posible del concepto de clase media. Es más: son, de partida, mucho más parecidas a la imagen del magma social, de la sociedad-masa que hemos señalado anteriormente como el modelo de referencia posmaterial.

Por ejemplo, China e India —las sociedades y los mercados que, más que otros, rediseñarán los equilibrios mundiales en el transcurso del siglo XXI— se mueven por caminos que prevén la formación de una gran clase de consumidores con un papel político, de hecho, limitado. La aspiración china es la de aprovechar las potencias del mercado para dar vida a una verdadera sociedad de masa con una conciencia nacional y patriótica, pero no de clase, a la que se le garantizan posibilidades de consumo cada vez mayores. De esta manera se afirma el cambio indispensable para llevar a China más allá del comunismo, pero sin deslegitimar al gobierno centralizado de una elite al servicio de los intereses comunes del país: se amplía el espacio de las libertades de elección de consumo dentro de un cuadro político paternalista. Una especie de Singapur elevada a la enésima potencia.

En cuanto a India, que viene de la tradición de las castas y de la milimétrica segmentación de la sociedad con el objetivo de bloquear su movilidad, la lógica occidental de la clase media no es otra cosa que la aspiración a poder hacer alarde de algunos cientos de miles de consumidores educados, acomodados, no agresivos, como manda la tradición, y capaces de mantener unido un continente verdadero y propio. También la India de las castas tiene que adapatarse, cada día más, a la liberalización del saber y de las oportunidades de realización de los individuos, y aceptar el reto de convertirse en una sociedad abierta e integrada con el resto del mundo y caracterizada por algunos cientos de millones de individuos con una renta disponible cada vez más alineada con la occidental.

Son precisamente estos grupos de nueva demanda, que se han ido formando a partir de finales de los años setenta y que con el inicio del nuevo siglo han acelerado el paso para ganar papel y peso internacional, los que quitan, cada vez más rápidamente, el oxígeno necesario para alimentar la energía motora de la clase media occidental. No sólo porque contribuyen considerablemente a rediseñar las características de consumo mundial en términos de tipología y costes de los bienes y de los servicios, sino también porque se hace difícil imaginar la supervivencia de una clase media occidental o europea con las características de las últimas décadas cuando asoman al mercado mundial mil quinientos millones de nuevos trabajadores a bajo coste. Sujetos cada vez más escolarizados e indiferentes a las lógicas de quien, en el mundo del bienestar, quiere defender las «conquistas del pasado».

Así, en los países industrializados, la necesidad económica que hay que satisfacer a través de una clase homogénea de consumidores reconocibles está sujeta a la lógica de los grandes números: para conseguir el mismo resultado es preferible extender lo más rápido posible a cientos de millones de consumidores el umbral del bienestar. La sociedad de masa nace naturalmente con el crecimiento y el desarrollo económico del nuevo mundo. La antigua forma de producción, y con ella las clases que la han alimentado, ha sido arrollada por el nuevo empuje del globo convertido en mercado competitivo y abierto.

Hay que reflexionar sobre la ironía de la historia: una clase que es hija de la revolución burguesa contra la aristocracia latifundista, pero que después, en su madurez, ha asumido un papel «contrarrevolucionario», es arrollada por una revolución invisible en sus acciones y nunca declarada, sin líderes ni banderas pero despiadada, como cualquier revolución, en conseguir sus propios objetivos.

Así, sucumbe el papel económico desarrollado con éxito por la clase media, mientras el consumidor burgués sufre una eutanasia más o menos lenta. El mismo destino le espera a la estructura industrial que ha caracterizado a la economía de mercado de la clase media.

Para comprender bien por qué ocurre esto, es oportuno concentrar la atención en la oferta de bienes y servicios: sólo así se puede entender el vuelco radical que se ha producido mientras tanto en favor de la demanda. Las necesidades de la sociedad de masa que hay que satisfacer son en buena parte originales. Y esto porque existe la exigencia, para quien produce, de desarrollar una oferta estandarizada, pero también, en la medida de lo posible, personalizada, dentro de un modelo productivo dado. Wal-Mart o Ikea, por poner dos ejemplos que aclaran la aparente contradicción, encarnan perfectamente esta petición de la demanda masificada, capaces de satisfacer en cualquier sitio por igual, pero con productos flexibles (o componibles), las necesidades de los consumidores en masa.

Se trata de un fenómeno original para la economía de libre cambio, que uno de los mayores gurús internacionales en materia de estrategia del negocio, C. K. Prahalad, de la Universidad de Michigan (Prahalad, Ramaswamy, 2004), ha explicado con la necesidad para la empresas contemporáneas de aprender a coproducir valores junto a los propios clientes para responder mejor a la segmentación de los gustos. Una evolución que ya está en marcha en la electrónica y en las áreas de manufactura tradicionales. A estos sectores se les unirán otros, pensados para servir a nuevos segmentos de la sociedad de la masa global. Es el caso del sector automovilístico, que en 2005 ha registrado el éxito del Dacia Logan, el utilitario de bajo coste de Renault, fabricado en la localidad rumana de Potesti y concebido originalmente para los mercados de los países emergentes a un precio base de cinco mil setecientos euros. El coche, ahora comercializado en Europa, con precio final de siete mil quinientos euros, ha superado todas las previsiones de venta en Francia. A los que más ha atraído ha sido a los mayores de cincuenta años acostumbrados a comprar coches de ocasión. Después están los utilitarios chinos de bajo coste, con precios base todavía más reducidos. Faw Group Corporation ofrece un coche con motor de mil centímetros cúbicos y equipamiento básico a partir de cuatro mil euros, mientras que el grupo Jiangling Motors comercializa el Suv por sólo diecisiete mil euros, mucho menos de lo que piden los productores tradicionales por sus modelos análogos (los productores europeos objetan que algunos de estos coches no son sólo austeros: en las pruebas antichoque han revelado su fragilidad).

En Londres, en el sector hostelero, se han abierto los primeros hoteles de bajo coste que ofrecen, por unos euros por noche, un espacio básico a quien se contenta con una cama, una luz, poco espacio para ropa y maletas, y servicios higiénicos decentes. Ahora existen también los cruceros de bajo coste —recién lanzados por «easyCruise.com», la nueva aventura del empresario de origen griego Stelios, de treinta y ocho años, famoso por haber sacado a bolsa y triunfado con su compañía aérea easyjet—, que permiten a las parejas disfrutar de un crucero de una semana entre la Costa Azul y la Riviera ligur por unos ochenta euros al día.

Quien se obstine en producir u organizar modelos de oferta pensados para un consumidor que ya no existe quedará inevitablemente fuera de la escena. Es el caso de los grandes almacenes Sears, que tuvieron una crisis y fueron absorbidos por una cadena mayor, porque continuaron durante muchos años ofreciendo un binomio, producto de media calidad-precio más elevado, cuando los gustos de la mayoría de los consumidores en gran parte se habían movido al bajo coste de Wal-Mart y parecidos, y otra parte acomodada pero minoritaria había preferido, mientras tanto, la oferta más personalizada y de calidad de las cadenas tipo Neiman Marcus y Bloomingdales. Es evidente que se trata de pasos no inmediatos o instantáneos, pero también está claro que el movimiento hacia la sociedad de masas, al estar respaldado por un gran número de individuos deseosos de ganarse un puesto en el paraíso del bienestar, es difícil de parar[2].

Se trata de una tendencia de superación del mercado de masas, que también se entrevé en la elección de los grandes productores de bienes de consumo, que ahora ya segmentan las grandes masas en tantos mercados con marcas y publicidad orientadas hacia ellos. «Tide» para Procter&Gamble sigue siendo un detergente que, él solo, factura dos mil millones de dólares al año. Pero ya no es un producto «universal» con la misma publicidad en todo el mundo, como sucedía en los años sucesivos a su lanzamiento, en 1949: hoy existen mercados (sobre todo en el Tercer Mundo) que aún permanecen sensibles a una marca que, en cualquier caso, se percibe como garantía de calidad, mientras otros mercados más evolucionados las

---

[2] Para Paul Laudicina se trata de un fenómeno de destrucción creativa que el capitalismo estadounidense siempre supo gestionar de la mejor manera, como demuestra el hecho de que, de las cien principales empresas de capitalización en bolsa que existían hace un siglo, sólo dieciséis están todavía operativas. Además, de las listas de empresas han desaparecido hasta doscientas treinta de las primeras quinientas compañías presentes en el índice Fortune en los años ochenta.

prefieren más «elitistas» («Ivory», «Crest») o productos no tan reconocibles, pero que ofrecen la ventaja del precio.

También la publicidad sigue estos nuevos derroteros: en Estados Unidos, productos que antes se ofrecían a un público indiferenciado, a través de anuncios en las grandes cadenas de televisión nacional, hoy utilizan canales más limitados que apuntan a segmentos específicos del público. Para los jóvenes se usan, por ejemplo, las televisiones de circuito cerrado de la cadena de tiendas Foot Locker, mientras que, si se quiere dirigir a la comunidad negra o latina, se pone publicidad en *Upscale,* una revista distribuida en las peluquerías de la periferia y en las retransmisiones televisivas más seguidas en los bares hispanos.

Una confirmación de estas líneas de tendencia se encuentra en un reciente *best seller* de dos profesores de la escuela de dirección de empresas francesa INSEAD. Al diseñar la estrategia que deben seguir las empresas para adentrarse en lo que se llama «estrategia del océano azul», W. Chan Kim y Renée Mauborgne (Kim, Mauborgne, 2005) explican que, para tener éxito con la producción de un valor innovador, las empresas sólo tienen dos salidas: diferenciar la oferta y producir a bajo coste. El deseo de adquirir a buen precio determina, así, la exigencia de organizar la producción de manera original respecto al pasado.

Más adelante veremos cómo, con qué implicaciones y con qué incógnitas políticas. Mientras, nos ocuparemos, con datos en la mano, del desmantelamiento que se está llevando a cabo en las viejas clases medias occidentales, columna vertebral de la Revolución industrial y posindustrial y custodio en la defensa de los derechos de propiedad[3].

---

[3] Para un análisis innovador del derecho de propiedad, véase: Murphy y Nagel, *The myth of ownership: taxes and justice*, Nueva York, Oxford University Press, 2002.

Capítulo III. El largo adiós de Occidente a la industria. Efecto Wal-Mart y nuevos servicios: hospitales en lugar de acererías

En los años setenta, en Hagerstown, Meryland, a pocos kilómetros de Washington, los obreros de la Mack Truck se consideraban los trabajadores más afortunados de la ciudad. Producían objetos con alma —aquellos gigantescos camiones llenos de cromados, verdadero icono de la América *on the road* («en la carretera»)—, pero, sobre todo, el empleo estaba muy bien pagado (entre diecinueve y veinte dólares la hora). En los años ochenta, sin embargo, empezó un lento declive: cuotas de mercado en continua baja, sueldos congelados, un número creciente de trabajos externalizados (*outsourcing*) para reducir costes, ninguna contratación desde 1985 hasta finales de los años noventa. Pasaban los años y los nuevos propietarios —primero Signal, después Renault— se mostraban inseguros sobre qué hacer y, en cualquier caso, orientados a no invertir en la compañía. Cuando, hace algún tiempo, la Mack Truck fue absorbida por Volvo, los mil quinientos obreros supervivientes se preparaban para lo peor: los suecos parecían, de hecho, decididos a llevar a México la producción de los motores y los ejes, verdadero corazón de la actividad de la planta de Hagerstown.

Después, el administrador delegado de Volvo Truck, Leif Johansson, se puso a estudiar a fondo la situación y descubrió que los costes del traslado eran elevadísimos y que, a pesar de que los sueldos eran todavía más altos que los de los países de nueva industrialización (veinte dólares la hora más seguros de pensiones y seguridad social pagados por la compañía), el trabajo incidía sólo en el diez por ciento del coste de producción de un motor. Además, los oficiales de la planta tenían la especialización y los conocimientos técnicos esenciales para pasar con éxito de un trabajo monoproducto a la producción de motores de distinto tipo y dimensión en una única cadena de ensamblaje. Con el estado de Maryland dispuesto a contribuir con 5,7 millones de dólares en la inversión necesaria para la ampliación y modernización de una planta que ya se había quedado anticuada y con los sindicatos dispuestos a aceptar un plan que prevé doblar la producción de líneas de montaje automatizadas y mantener sin variación los niveles ocupacionales, Volvo decidió derribar un muro de la planta y empezó a construir una nueva ala. Y en noviembre de 2004, por primera vez en muchos años, veintitrés nuevos trabajadores habían conseguido traspasar la verja de la fábrica.

La historia con (provisional) final feliz (para los estadounidenses, un poco menos para los mexicanos) es un importante argumento a favor para quien sostiene que, con o sin China, los Estados Unidos tienen futuro también en la industria manufacturera. Incluso pueden conseguirlo sin medidas proteccionistas, si mejora la calidad de los productos y la capacidad de competir con países que tienen un coste del trabajo una décima parte del suyo. La fábula es cautivadora, justifica la esperanza. Apela incluso al orgullo tecnológico de la «vieja Europa», puesto que a los obreros yanquis, acostumbrados desde hacía treinta años a montar los camiones manualmente, se los envió a Suiza a aprender a trabajar en una cadena de montaje automatizada.

Pero no deja de ser una fábula: en Baltimore, a pocos kilómetros de Hagerstown, General Motors ha cerrado hace poco su planta automovilística porque, a diferencia de Volvo, no consigue competir con los costes mexicanos. Y mientras tanto, los chinos —que, aunque siguen fuera del mercado automovilístico, producen a una fracción de lo que lo hacen en México y que prácticamente han monopolizado mercados como el de los electrodomésticos y los ordenadores de gama media-baja— acaban de anunciar que en 2007 Cherry Automobile Company desembarcará en los Estados Unidos. Empezará vendiendo doscientos cincuenta mil utilitarios en el área de Nueva York: diez años de garantía y la promesa de un precio un treinta por ciento inferior respecto a la competencia local.

Si nos trasladamos una decena de kilómetros al este, aún en Maryland, descubriremos otras realidades como para poner los pelos de punta: en Easton, en la costa atlántica del estado, Black&Decker cerró en 2003 su planta y transfirió la producción de taladros y sierras eléctricas a México. Cientos de obreros perdieron su trabajo. Sólo el diez por ciento, los más afortunados, encontró un nuevo empleo en el sector manufacturero: ahora construyen letrinas y duchas móviles para Sfa, sociedad prácticamente invulnerable frente a la competencia internacional: produce sistemas de apoyo para el ejército de los Estados Unidos gracias a un contrato «blindado» con el Pentágono.

Entre la defensa de la presencia estadounidense en algunas manufacturas tradicionales, la obligación del *«buy American»* («compra productos americanos») por motivos de seguridad en sectores militares estratégicos y en el antiterrorismo y la capacidad de las empresas de innovar y renovar continuamente sus producciones en tecnologías más avanzadas —gracias también al continuo flujo de «cerebros» desde el resto del mundo y a la excelencia de las universidades estadounidenses—, es un hecho que los Estados Unidos ha gestionado mucho mejor que Europa su paso atrás en el sector manufacturero. Con un sistema más eficiente, menos tutelado pero también menos costoso, el aparato productivo estadounidense superó rápidamente la recesión de 2001: no sólo creció la renta en 2003 y 2004 con ritmo sostenido y la ocupación está en plena recuperación (después de una disminución de dos millones setecientos mil puestos de trabajo en 2003, a principios de 2005 el número total de empleados llegó a un máximo de ciento treinta y dos millones quinientos mil, que se había alcanzado en marzo de 2001), sino que incluso la industria manufacturera registra hoy una leve recuperación: tras caer de dieciséis millones novecientos mil a catorce millones trescientos mil, los trabajadores de este sector se han estabilizado en la segunda mitad de 2004, y a principios de 2005 se ha registrado incluso un ligero aumento (alrededor de doscientas mil personas).

Nos encontramos ante un escenario ciertamente más reconfortante que el europeo, aunque ofrece menos garantías sociales. Menos tutelas no significa, sin embargo, un mercado de trabajo «salvaje». Según explica el Ministro de Trabajo estadounidense, Elaine Chao:

> No quiero juzgar las causas del bajo crecimiento económico en Europa. Sólo digo que nosotros en América hemos colocado, en el centro del sistema, la cultura del trabajo en vez de la de la protección. Pero también hemos construido una red de seguridad: cada año gasto sesenta de los setenta y dos millones de dólares del presupuesto de mi ministerio en ayudas a parados. Esto es, sin embargo, un apéndice, aunque valioso, de nuestro sistema. El motor se encuentra en otro sitio, está en la capacidad de crear —con medidas fiscales, abolición de vínculos y normas punitivas y una elevada movilidad del trabajo— un clima orientado al crecimiento. Así, desde agosto de 2003 —el momento más difícil— hasta finales de 2004 el sistema ha creado dos millones seiscientos mil nuevos puestos de trabajo, mientras que el paro está en el 5,4 por ciento. Poco, en comparación con Europa.

En efecto, la economía industrial todavía campeona del mundo de exportaciones —la alemana— no consigue quitarse la «china del zapato» que supone un paro del once por ciento de la población activa: cuatro millones y medio de parados en un país de ochenta y dos millones de habitantes. Una exageración comparado con los Estados Unidos, que han superado la barrera de los trescientos millones de habitantes y apenas tiene nueve millones de parados. Subraya Elaine Chao:

Pero sobre todo se debe considerar que cinco de estos nueve millones son ocasionales: gente en tránsito de un trabajo a otro. El paro de larga duración —que en Italia es el cincuenta y ocho por ciento del total, en Alemania el cincuenta y en Japón el treinta y cuatro— aquí sólo representa el 11,8 por ciento de los parados.

Estas cifras, aunque positivas, esconden la realidad de un número de puestos de trabajo en crecimiento más lento que el de la población, que, a diferencia de la Europa en crisis demográfica, en los Estados Unidos sigue aumentando. Y se esconde, sobre todo, el desplazamiento de la ocupación de las manufacturas a los servicios, que hoy emplean a ciento diez millones de americanos, dos millones más respecto al pico máximo del *boom* de los años noventa, antes de la crisis de 2001. Un fenómeno que provoca discusiones infinitas sobre la sostenibilidad de una economía completamente basada en el sector terciario.

Ciudades como Cleveland o Pittsburgh son, desde este punto de vista, verdaderos «laboratorios sociales»: cierran las viejas producciones metalúrgicas mecánicas, químicas y siderúrgicas, nacen laboratorios biotecnológicos, se invierte en «energía limpia» y en nuevas estructuras sanitarias. Pero los resultados no son unívocos. En la capital industrial de Ohio los ecologistas están de fiesta: la acererías han apagado los altos hornos (ha quedado sólo uno en actividad), el aire es más limpio, en el lago Erie la gente se puede bañar de nuevo. Los puestos de trabajo perdidos en la industria se recuperan en los servicios: la Cleveland Clinic ha decuplicado sus dimensiones y se ha convertido en una verdadera ciudad de la cirugía cardiaca que atrae pacientes de toda América y también del extranjero. Pero un obrero siderúrgico difícilmente puede convertirse en enfermero. Es más fácil que se haga conductor o empleado en las plantas de climatización, con un sueldo inferior al que tenía en la industria. Además, el saldo de los puestos de trabajo es, en cualquier caso, negativo: dos veces por semana el *Plain Dealer,* el periódico local, pone en primera página una historia de pobreza. Como explica el responsable de estas investigaciones, Sam Fulwood III, premio Pulitzer de periodismo:

> No es gusto por la autoflagelación. Simplemente queremos contar qué sucede verdaderamente en la que, según todas las estadísticas oficiales, es la ciudad americana con el índice más alto de pobreza.

Respecto a Europa, en cualquier caso, los Estados Unidos presumen de una gestión más «activa» del proceso de desindustrialización. Italia, por ejemplo, ha desaparecido prácticamente de la industria química, está en retirada en el sector automovilístico, ha llegado sin preparación a la liberalización de las importaciones textiles chinas, tiene dificultades en otras producciones típicas del *«made in Italy»,* desde el calzado hasta la decoración, mientras que en otros sectores en los que aún hay oportunidades, como el de los electrodomésticos y en parte la mecánica, intenta mantener posiciones: De Longhi transfiere algunas producciones a Asia, Merloni tiene que renunciar a hacer frigoríficos en la región de Las Marcas —una «caja» con motor que puede fabricarse a costes mucho más bajos en otras partes del mundo—, pero sigue expandiendo sus actividades productivas en el extranjero, empezando por Rusia y China, y mantiene vivas las plantas italianas en busca de especialización en las producciones de mayor valor añadido: por ejemplo, las placas de cocina de nueva tecnología.

El «sistema Italia», si existiese, debería intentar compensar estas pérdidas con una mejor especialización y un crecimiento en los sectores en los que pueda competir mejor. En realidad, no consigue defenderse ni siquiera en el turismo, donde goza, incluso, de una inmensa e inconmensurable ventaja respecto a la competencia: posee la mitad del patrimonio mundial de obras de arte y un «catálogo» de paisajes —montes, costas, islas, lagos— verdaderamente incomparable.

Pero la crisis de Italia no es una crisis aislada. Alemania —un país administrado, si cabe, de forma más eficiente, que aún exporta a gran ritmo y ha mantenido el control de un buen número de multinacionales— vive años difíciles, aunque las políticas de saneamiento parecen dar algún fruto.

Más allá de algunas crisis ocupacionales concentradas en sectores y áreas geográficas bien definidos, este proceso de desindustrialización no ha vivido de momento un impacto verdaderamente rompedor con el sistema económico porque, en una época en la que la mercadotecnia y el diseño de los productos valen en general más que su contenido industrial, sólo una mínima fracción del precio pagado por el consumidor final va al productor, por lo general asiático. Si en Nueva York se pagan quince dólares por un tostador chino, sabemos que al fabricante le llegarán más o menos dos: el resto va a parar al transporte, al empaquetado y a los distintos estadios de la comercialización. Si se pagan treinta dólares por un tostador de un diseñador italiano, en cualquier caso fabricado en China, lo que se gasta de más no le llega ciertamente al constructor.

El sistema se mantiene en pie, en el plano económico, aunque con la duda del enorme déficit comercial estadounidense (que, por lo demás, refleja el exceso de consumo inducido por un crecimiento económico más rápido que el de la paralizada Europa y el de un Japón que volvió a vivir una recesión a finales de 2004). Pero, si observamos la situación desde el lado de los equilibrios y de la estructura social de los países industrializados, el paisaje resulta muy distinto.

Cuando la competencia industrial era un fenómeno limitado a los países avanzados de Occidente, el sector manufacturero producía una cantidad enorme de riqueza distribuida de manera bastante homogénea entre obreros y empleados. Gracias también al éxito de las reivindicaciones sindicales, estas categorías conseguían abandonar la condición de proletariado y se transformaban en clase media de masas, caracterizada por un poder adquisitivo en continua alza y por una buena dosis de seguridad social: sistemas de pensiones y sanitarios en gran parte de Europa, seguros sociales «de mercado» en los

Estados Unidos, donde, sin embargo, los grandes contratadores industriales sustituían, en cierto sentido, al Estado, porque garantizaban una póliza sanitaria y una pensión que integraba a todos los trabajadores y a sus familias.

El lado negativo de este sistema —costes de producción elevados— era poco visible porque el continuo crecimiento económico de la posguerra mundial había producido un mecanismo de economías de escala que en cualquier caso determinaba una reducción de los costes.

El cuadro actual es completamente distinto. Antes incluso que el volumen de riqueza producido en Occidente, ha cambiado su distribución: todos los consumidores se benefician del menor coste de los productos importados de Asia. A igualdad de salario, este fenómeno se traduce en un aumento de poder adquisitivo del que se favorecen las clases menos pudientes: los ricos se orientan hacia consumos de lujo que en general tienen que ver con las producciones indias o chinas de bajo coste. Ciertamente, el cambio en las costumbres de consumo puede neutralizar estos beneficios: a menudo, los precios bajos obligan a aumentar la adquisición de productos y, por lo tanto, la renta disponible se agota sin un aumento real del grado de satisfacción del consumidor. Los padres de hoy deben hacerse un examen de conciencia: ¿gastan menos que sus padres en juguetes porque los que hacen los chinos cuestan poquísimo o simplemente multiplican las compras acuciados por niños que quieren esos juguetes pero luego los tratan con poco cuidado por su bajo valor?

En general, los precios bajos de los productos importados constituyen un bien precioso para las clases menos acomodadas y además están tutelados: aunque esto escandalice a sociólogos y políticos, en la economía moderna garantizar el bienestar material a través de una buena red de seguros sociales (sanidad, desempleo, etcétera) es tan importante como intentar que un sistema comercial de oligopolio no se apodere del beneficio de estos precios contenidos de las mercancías importantes, y que se transfiera, sin embargo, al consumidor final.

Ha tomado parte, aunque sin entusiasmo, un sociólogo de la talla de Giuseppe De Rita que en un editorial publicado en el *Corriere della Sera*) escribió:

> No nos irritemos, en especial la izquierda, con esta blasfema identificación entre social y consumo de bajo coste (quizá responsable y ecosolidario). Es una identificación que toma forma y que es coherente con la victoriosa cultura capitalista de estos años. Deberíamos echar cuentas en cualquier caso. [De Rita, 2004.]

Es el efecto Wal-Mart, la gigantesca cadena comercial estadounidense tan criticada por la dureza con la que trata a sus empleados, pero que —con la continua búsqueda de eficiencia para bajar los precios— desde hace diez años contribuye de manera importante a la contención de la inflación en Estados Unidos.

La gran relevancia de los beneficios que provienen de la contención de los precios no nos puede hacer olvidar que el problema de las rentas sigue siendo muy importante. Como es bien sabido, la globalización, al redistribuir el trabajo a escala mundial, presiona los salarios en todos los sectores expuestos a la competencia internacional. Además, obliga a los contratadores a reducir los beneficios sociales y sanitarios hasta el momento garantizados a los trabajadores. Obviamente, esto sucede en países —como los Estados Unidos— en que el Estado ha delegado ampliamente a las empresas la tarea de construir una red de protecciones sociales: un fenómeno que se tratará en profundidad en el siguiente capítulo.

El proceso actual tiene las extraordinarias dimensiones de una transformación social en la que la clase media, como estábamos acostumbrados a verla hace veinte o treinta años, se desvanece, sustituida por una sociedad más polarizada: profesionales, operadores de los mercados financieros, trabajadores del conocimiento, empleados de servicios «protegidos» o empresarios de los sectores innovadores saben posicionarse ahí donde el nuevo sistema económico produce o distribuye riqueza y, por lo tanto, consiguen garantizarse una renta que, de todas formas, sigue creciendo. Es la «sociedad creativa» del ya citado Richard Florida. Por otro lado, se acumula la fuerza-trabajo de más baja especialización: obreros de la industria expuesta a la competencia internacional y empleados de los servicios tradicionales (desde el transporte a la restauración) se encuentran comprimidos entre reducción de rentas y reducción de las garantías sociales. Europa, además, posee un ejército de parados. En Estados Unidos, sin embargo, el fantasma no es el paro sino el riesgo de tener que sustituir un trabajo industrial bien pagado por un empleo en el sector servicios que ofrece una retribución más baja y carece de coberturas sanitarias y sociales.

El fenómeno no es nuevo: en los años ochenta, la primera reestructuración de la industria automovilística, impuesta por la competencia cada vez más agresiva de las compañías japonesas, había obligado a muchos obreros a dejar puestos de trabajo bien pagados (dieciséis dólares por hora) en Ford o en General Motors. Gente a la que, en áreas como Detroit o Pontiac, no se les ofrecía otros empleos alternativos a la industria, se había encontrado con que estaba obligada a elegir: el paro o hacer hamburguesas en McDonald's por cuatro dólares la hora y sin garantías sociales. En los últimos años, sin embargo, el fenómeno se ha generalizado adquiriendo dimensiones gigantescas: grandes cadenas comerciales como Wal-Mart (un millón trescientos mil empleados) han empezado a ofrecer puestos de trabajo que garantizan algun beneficio social y sanitario sólo a los trabajadores más ancianos, mientras otros grupos industriales de prestigio, como IBM, General Motors y United Airlines, han empezado a hacer recortes en los beneficios que, durante muchos años, se les había garantizado a los trabajadores.

La empresas mayores tenían, hace tiempo, un interés objetivo en el mantenimiento de la renta de sus empleados: eran ellos, de hecho, el principal mercado de salida de los productos industriales. El ejemplo clásico, ya citado, es el del Ford T, el primer coche fabricado en masa (veinticinco millones de unidades) por la casa de Detroit en los años veinte. Hoy, la aspereza de la competencia comercial no deja margen a estrategias que tengan en cuenta variables sociales, pero la atención de muchas de estas multinacionales se está moviendo hacia los mercados de los países de nueva industrialización: hasta hace poco, China, India, México, Turquía, el sudeste asiático, Brasil, Sudáfrica eran considerados sólo plataformas productivas a bajo coste. Hoy representan, para muchas empresas, los mercados más prometedores. En China, India, Brasil y Turquía está creciendo una nueva clase de consumidores sobre la base de un mecanismo económico no muy distinto del experimentado por la Europa de los años cincuenta.

Existen estratos sociales que no tienen, sin embargo, el papel político desarrollado por nuestras clases medias (excepto, quizá, en Turquía), pero que están alimentando el motor del consumo. En India, que ha superado los mil millones de habitantes y que sigue poblada por un océano de desheredados, ahora viven cien millones de ciudadanos que han conseguido conquistar una renta y un estilo de vida occidentales. En China, la clase que podría etiquetarse de clase media es hoy más reducida (alrededor de ochenta millones de habitantes sobre una población de mil trescientos millones), pero crece al ritmo de veinte o treinta millones de personas al año, sostenido por el rápido desarrollo del producto interior bruto del gigante asiático.

Las grandes corporaciones, obligadas por los mercados bursátiles a concentrarse en las actuaciones financieras trimestrales, pero acostumbradas a construir estrategias de larga duración, saben que este proceso de crecimiento de los nuevos mercados es irreversible. Aparte de los bajos costes de producción, de hecho, los países de nueva industrialización se están dotando de estructuras educativas y de formación profesional de buen nivel (las facultades científicas de muchas universidades indias tienen muy poco que envidiar a las academias europeas). Además, con la excepción de China, se trata de naciones demográficamente jóvenes, lo que garantiza, también en el futuro, almacenes de mano de obra que no se vaciarán tan fácilmente, y mercados de consumo en continuo desarrollo. Por contra, los países europeos (y en menor medida los Estados Unidos) deberán enfrentarse a un envejecimiento de la población, lo que obligará a endurecer los mercados de bienes de consumo tradicionales, mientras que una cuota creciente de recursos —hoy públicos, mañana quién sabe— la absorberán las pensiones y la asistencia sanitaria.

Muchos piensan que esta situación está destinada antes o después a cambiar, como sucedió hace algunas décadas en Japón: una competencia despiadada que producía con más eficiencia y a bajo coste ahora se ha convertido en un país rico, parecido a los de Occidente, tanto en estructura industrial como en estilo de vida y modelos de consumo. Sin embargo, Japón también se parece a Occidente desde el punto de vista del envejecimiento de la población y, al ser un país insular con ciento diez millones de habitantes, carecía de espacios libres y almacenes de mano de obra a disposición de otras grandes economías emergentes. Muy distinta es la situación de un Brasil que ha comenzado a talar la Amazonia, o de una China que acaba de empezar su «conquista del Lejano Oeste», el desarrollo industrial de sus provincias occidentales.

¿Con el bienestar también los trabajadores chinos e indios empezarán a reclamar protecciones sociales como las de los países ricos de Occidente? Es difícil hacer previsiones de largo alcance: ciertos sindicatos americanos, como el Service Employees International Union (SEIU) de Andrew Stern, la federación protagonista de la escisión dentro de American Federation of Labour–Congress of Industrial Organizations (AFL-CIO), histórica central sindical estadounidense, buscan estrechar relaciones con las federaciones de otros países, incluidos los que están en vías de desarrollo. Pero ¿cuál es, realmente, el horizonte de estas iniciativas? Se pueden desarrollar lenguajes y sensibilidades comunes, es cierto; quizá la difusión del bienestar y de algunas libertades ayudará a los trabajadores a emanciparse, a adquirir una conciencia propia. Según el *China*

Labour Bulletin, un órgano independiente de seguimiento del mercado del trabajo, con base en Hong Kong, en 2004 tres millones de trabajadores chinos, que ya no estaban subyugados al poder del Partido Comunista Chino, dieron lugar a cincuenta y siete mil manifestaciones de protesta. En alguna provincia con desarrollo económico más rápido se empieza a registrar cierto incremento en los sueldos, unido a la dificultad de encontrar mano de obra con determinado tipo de especialización; pero se trata de fenómenos limitados, la reserva de trabajo de los campos chinos es todavía enorme.

En definitiva, con estos pequeños detalles no se puede imaginar que los obreros de los países emergentes puedan un día disponer de los mismos instrumentos sindicales difundidos en Occidente. Sucede a menudo que los sindicatos de países que gozan de cierto grado de libertad, como Tailandia, rechazan condenar fenómenos que en Europa o Estados Unidos consideramos inaceptables: por ejemplo, el trabajo de los menores —incluso niños— en fábricas, a menudo única fuente de sustento de las familias. Al final quedan muchas preguntas y una sola certeza: con la globalización, grandes masas de desheredados han entrado a formar parte de la fuerza de trabajo a disposición de la industria. Las dimensiones de esta reserva se han duplicado en pocos años, con lo que se ha alterado profundamente la relación entre demanda y oferta de mano de obra.

Lo único que conseguimos ver es que, por ahora, quien consigue aumentar su propia renta en estas áreas del mundo parece decidido a gastarla en los centros comerciales tipo yanqui que están creciendo como la espuma en toda Asia.

La cultura de la protección social —que en Europa echó raíces en el siglo XIX con el estado de bienestar, introducido por el canciller Bismarck en Alemania, o los grandes proyectos de urbanística popular en Gran Bretaña e Italia, y que se reforzaron y ampliaron en la última posguerra a partir del Plan Beveridge, puesto en marcha en Inglaterra en 1944— no parece destinada a difundirse rápidamente en los países de nueva industrialización. Europa, sin embargo, no está dispuesta a renunciar a sus redes sociales, aunque suponga un drenaje de recursos que no llegan al sistema productivo. Según Peter Sutherland, ex comisario de la Unión Europea y hoy presidente de Goldman Sachs Global Capital, el banco de inversiones internacionales del gran grupo financiero americano, Europa podría todavía reactivar el mecanismo de crecimiento si tan sólo aceptase equilibrar los efectos de la caída demográfica «importando» tres millones de inmigrantes al año. Sutherland es el primero en saber que un proyecto así es políticamente inviable. Pero advierte de que Irlanda, su país de origen, se convirtió en el escaparate del crecimiento en Europa cuando liberalizó la economía, al abrir sus fronteras a los capitales, pero también a los trabajadores extranjeros: no han robado el puesto a la mano de obra local sino que se han convertido en un factor de desarrollo de la economía.

Crecer, advierte Sutherland, no es obligatorio: Europa también puede rechazar acabar con un mecanismo de competencia exasperada. Puede mantener sólo las reproducciones más sofisticadas y remunerativas, y aceptar la descentralización de las demás: basta con que esté preparada para redimensionar sus ambiciones de potencia económica y su ritmo de vida. En fin, el Viejo Continente debería aceptar su empobrecimiento, precisamente cuando el mayor volumen de recursos necesarios para nutrir las protecciones sociales a favor de una población que envejece requeriría una mayor producción de la renta.

Por otra parte, en Estados Unidos, aunque el producto interior bruto sigue creciendo, las cosas no van mejor para las clases más débiles: una parte de la antigua clase media ha caído en las condiciones de *«working poor»* («trabajadores pobres»), es decir, gente que, aun teniendo un trabajo regular a tiempo completo, no consigue salir de la franja de pobreza porque está mal pagada y carece de protecciones sociales. No hablamos de «esclavos» de algún tipo de capataz sino de trabajadores continuos no especializados que reciben retribuciones de mercado, aparentemente ni siquiera bajísimas: señoras de la limpieza o enfermeras a domicilio a las que se paga ocho dólares la hora, cocineros que ganan siete dólares, vigilantes que ganan ocho y medio, conductores que reciben seis con setenta y cinco. Al mes serían mil o mil doscientos euros: suficientes para sobrevivir si no se tienen hijos, si se vive lejos de las metrópolis más caras y si se goza de buena salud. Con estas cifras, ciertamente no es posible un seguro médico, no se puede invertir en un fondo de pensiones, y si se tienen hijos se cae rápidamente en la pobreza. En 2003 (datos del Economic Policy Institute), el salario medio en Estados Unidos fue de 17,15 dólares la hora, pero más de veintiocho millones de trabajadores (el veinticuatro por ciento del total, por lo tanto, uno de cada cuatro) se han colocado por debajo del umbral de la pobreza, fijado en 9,04 dólares para una familia compuesta por cuatro personas (de media, estos trabajadores recibieron una paga de 7,09 dólares la hora). Los ciudadanos que vuelven a entrar en esta franja, aun siendo trabajadores fijos continuos con jornada completa, a menudo dependen del Medicaid, la sanidad pública para los pobres, y de la asistencia de las fundaciones benéficas privadas, muy difundidas en América.

La difusión de estas masas de pobreza contrasta con la realidad de una economía en plena expansión: un fenómeno que se explica, por un lado, por el aumento de los costes de la asistencia sanitaria (más del cincuenta por ciento en los últimos tres años) y por la formación escolar; por otro lado, por la creciente «polarización» de las rentas y el desarrollo de un modelo productivo que paga mucho la especialización, pero reserva a los trabajadores genéricos poco más que una limosna: en los restaurantes de Nueva York no es raro encontrarse con camareros o trabajadores encargados de limpieza de los servicios que viven casi sólo de propinas.

En los últimos años el crecimiento del producto interior bruto se ha impulsado no tanto por el aumento de los sueldos como por la multiplicación de puestos de trabajo, lo que ha llevado a las familias a tener dos fuentes de ingresos en vez de una.

Todo esto ha producido cierto bienestar, pero también nuevos riesgos, como ha explicado la estudiosa Elizabeth Warren

(Warren, Warren Tiagy, 2003). La tesis de la autora es que, mientras las familias con un sueldo no pierden casi nunca la única fuente de sustento, las que tienen dos sueldos ajustan su estilo de vida a la mayor entrada de dinero, pero a menudo pierden uno de los dos sueldos. En caso de crisis laboral, los dependientes de este tipo de familias son más vulnerables, o la asistencia doméstica necesaria cuando los dos cónyuges trabajan absorbe a menudo casi por entero uno de los dos sueldos. Un fenómeno que se hace patente en los casos de bancarrota familiar (hasta la nueva ley de la primavera de 2005, que ha obstruido este camino, las familias norteamericanas con dificultades podían protegerse de los acreedores declarándose en quiebra, como una empresa), que durante años han registrado un crecimiento exponencial y se ha concentrado precisamente entre las familias que habían dispuesto de más rentas.

Capítulo IV. Un buldócer social llamado globalización. Por qué un antiguo seguidor la considera hoy simplemente ineluctable

¿Hay alguna variable hasta ahora ignorada o poco considerada que podría cambiar el escenario socioeconómico que se está delineando, con China convertida en la «fábrica del mundo» y Occidente cada vez más dividido en unas clases que consiguen beneficiarse de esta evolución y otras a las que se margina? Por lo que se conoce hoy, un freno podría venir de los problemas de contaminación que ya están condicionando seriamente la calidad de vida de las áreas industriales de China e India, o por una crisis política, quizá provocada por el resentimiento de una población campesina que permanece en condiciones de indigencia, frente a la ciudad y las provincias costeras, cada vez más ricas.

En cuanto a Estados Unidos y Europa, la única posibilidad es la de la vuelta al proteccionismo. Durante medio siglo, por ejemplo, Estados Unidos ha presentado acuerdos internacionales de libre cambio por rachas, pero ahora, por primera vez, se registra un cambio de talante: el Tratado de Libre Comercio de América Central (CAFTA), el acuerdo comercial entre Estados Unidos y los países de América central, fue aprobado por el congreso en julio de 2005, después de un año de discusiones y con una mayoría de apenas dos votos, recuperada in extremis gracias a la intervención directa del presidente Bush y a la promesa de conceder ayudas a los grupos de presión que habían combatido con más decisión contra el tratado.

Analistas internacionales de gran experiencia, como Zbignew Brzezinski, prevén que en Occidente prevalecerá, en cualquier caso, el interés de no desestabilizar a China, país opresivo pero pragmático, no demasiado agresivo (al menos por ahora) y verdadero motor del crecimiento económico mundial. Y este interés, al final, debería convencer al congreso americano para que abandonara las tentaciones de un restablecimiento de aranceles y barreras que se han difundido en el último año.

Por lo demás, si bien los políticos con tendencias populistas o los parlamentarios elegidos en las regiones marcadas más profundamente por la crisis de la industria manufacturera lanzan desde hace años sus anatemas contra la «competencia desleal» de los países asiáticos, la mayor parte de la clase dirigente política y económica americana nunca ha dudado de las virtudes del libre comercio que nutre el diálogo internacional, hace crecer la riqueza global del planeta, ayuda a los países pobres a salir de la indigencia, pero también representa una ventaja para el Occidente industrial avanzado. Los economistas mantienen, de hecho, que la teoría de la ventaja competitiva formulada por David Ricardo en 1817 es válida todavía: a la larga, los beneficios de la descentralización de las producciones, que se trasladan a países con mano de obra barata, y los de la externalización de servicios trasladados a Asia son, en conjunto, superiores a los costes sociales, que también existen. En efecto, en los últimos dos siglos, la aparición de economías jóvenes y productivas ha comportado ventajas relevantes también a los países más avanzados, que han mejorado su estilo de vida consumiendo productos de bajo coste y se los ha estimulado para que trasladaran la parte más importante de su producción industrial hacia tecnologías cada vez más avanzadas y hacia manufacturas más rentables.

Hace algún tiempo, sin embargo, un «gran viejo» de la economía, el premio Nobel Paul Samuelson, desafió el pensamiento del dominante (Samuelson, 2004 *a*) al mantener que por primera vez se están determinando condiciones distintas de aquellas sobre las que se construyó la teoría de Ricardo: fenómenos como la externalidad, el desarrollo de tecnologías informáticas que derriban barreras y borran las distancias, la rápida industrialización de China e India y sus enormes progresos en el campo de la instrucción hacen que ya no sea posible aplicar la ecuación clásica (en breve pueden producirse daños para la economía que cede cuotas de trabajo, pero a largo plazo ganamos todos) a esta situación específica.

En su ensayo, Samuelson utiliza fórmulas matemáticas y argumentos más bien complejos, pero en algunas entrevistas (por ejemplo la del 9 de septiembre de 2004, aparecida en el *New York Times*) ha elegido un lenguaje divulgativo:

> La teoría de Ricardo, en términos generales, sigue siendo válida: quiero sólo mostrar que muchos la aplican de manera simple, sin tener en cuenta hechos nuevos y la complejidad del escenario actual. La evidencia nos dice que para América las ventajas derivadas del comercio libre, que hasta ahora han sido consistentes, no están garantizadas para siempre. La posibilidad de adquirir productos importados en Wal-Mart a un precio rebajado un veinte por ciento no nos compensa necesariamente por lo que se pierde en el plano retributivo (puestos de trabajo «emigrados» o bajada de sueldos). Esto se aplica tanto a cada trabajador individualmente como a la colectividad. [Samuelson, 2004 *b*.]

El sentido de las palabras de Samuelson resulta evidente si se observa con qué rapidez los países de nueva industrialización se están equipando con figuras profesionales cada vez más cualificadas: la aparición de ingenieros y matemáticos, a menudo formados en universidades estadounidenses, menos costosos y a veces mejores que sus colegas europeos y americanos, está permitiendo a estos países reducir el desfase tecnológico que los separa de Occidente a un ritmo superior que en el pasado. Esto significa que, cuando intenten alcanzar tecnologías más sofisticadas para compensar la pérdida de producciones «tradicionales», los países avanzados se encontrarán con el camino ocupado por los productores chinos o indios, que ya habrán «tomado posiciones».

Se pueden dar muchos ejemplos: el Manipal Institute of Technology es considerado el MIT de la India, un país donde se licencian más de doscientos mil ingenieros al año, mientras que la investigación genética y farmacéutica, además de la informática, se mueve cada vez más hacia los nuevos laboratorios construidos precisamente en China e India por multinacionales europeas y americanas. Esta rápida evolución la ha relatado con eficacia (al describir una serie de casos concretos) Thomas Friedman en su último libro. Friedman cuenta, por ejemplo, sus encuentros con técnicos americanos que, día a día, descubren con desconcierto creciente que sus colegas indios están capacitados para competir con ellos incluso en la construcción de arquitecturas de sistemas informáticos más complejos. Estos trabajadores no sólo cuestan menos en términos de retribución, sino que, en general, son también más productivos porque tienen motivaciones mayores, están más determinados: es lo que Friedman (Friedman, 2006) llama *«ambition gap»* (desfase de la ambición).

Las tesis de Samuelson, publicadas en los periódicos pocas semanas antes del voto que confirmó a Bush en la Casa Blanca, han encontrado el apoyo de economistas demócratas como Robert Kuttner y Dani Rodrik, y los propios demócratas las han adoptado como «justificación científica» de las posiciones neoproteccionistas a menudo asumidas en los últimos años (por ejemplo, en su oposición al CAFTA), a pesar de que Kerry, en los veinte años que pasó en el Senado, votara siempre a favor de las iniciativas de libre comercio.

Además, el propio Samuelson —cuya salida a escena fue criticada por otros economistas progresistas pero que apoyaban sin resistencia las virtudes del libre mercado, como el presidente de la facultad de Economía de la Columbia University, Jagdish Bhagwati (Bhagwati, 2005)— ha aclarado que no quiso sugerir de ninguna manera medidas proteccionistas, sino como mucho la introducción de mecanismos como los seguros tutelados para quien pierde su puesto de trabajo o parte de su renta a causa de descentralizaciones y externalizaciones.

Por lo demás, nadie, ni siquiera los críticos más severos de la globalización, quiere verdaderamente volver al antiguo proteccionismo: la apertura al libre comercio es irreversible, pero al definir velocidad y límites de este proceso, influirá el hecho de que también personajes, hace tiempo considerados verdaderos profetas del «mundo plano» de Thomas Friedman, hoy juzguen la globalización un hecho irreversible pero no necesariamente positivo para los países avanzados. Es el caso de Andy Grove, el fundador de Intel —el hombre que, gracias a los microprocesadores de alta velocidad de su empresa, ha contribuido grandemente al derribo de barreras culturales, profesionales y comerciales—, que hoy se declara, con sorpresa, muy preocupado por las consecuencias que la globalización puede tener en la economía de los Estados Unidos. Y, si muchos están convencidos de que América, fuerte por su historia de creatividad y empresarialidad, sabrá todavía volver a encontrar una respuesta positiva a las dificultades determinadas por el ascenso de China e India, Grove piensa, sin embargo, que son sólo ilusiones: la globalización —dice— no sólo incidirá negativamente en los niveles retributivos de los trabajadores y hará cada vez más marginales las producciones manufactureras estadounidenses, sino que transformará los llamados «trabajadores del conocimiento», que deberían ser la encarnación de la ventaja competitiva de América, en otra mercancía global[4].

---

[4] Entrevista concedida a Joseph Nocera en *The New York Times,* 30 de julio de 2005.

Capítulo V. El neoconsumidor de bajo coste. La revolución democrática de Ryanair, Ikea, Wal-Mart, Skype y Zara

A principios de los años noventa, Ryanair era una pequeña compañía aérea irlandesa especializada en vuelos entre Irlanda y el Reino Unido, con sólo dos aviones y un balance continuamente en números rojos. Michael O'Leary, su dinámico administrador delegado, la convirtió en poco tiempo en la mejor compañía aérea de bajo coste del mundo y en un auténtico fenómeno bursátil, al llevar la capitalización de la sociedad a valores parecidos a las reconocidas e históricas Lufthansa y British Airways. Tenía una visión muy sencilla: interceptar una demanda latente de vuelo que va mucho más allá de la clase media a la que se habían dirigido las líneas aéreas tradicionales, hijas del monopolio público y de la regulación. Para hacerla emerger era necesario implementar un modelo de negocio original: eliminar todos los costes e intermediarios inútiles que defendían intereses distintos a los de los consumidores, y organizar una oferta sencilla y barata. Una fórmula capaz de hacer volar a la sociedad de masas europea con la misma facilidad y despreocupación con la que, hasta ese momento, habían cogido un tren o un autocar. Ryanair intuyó por primera vez, siendo de hecho nueva en un negocio muy controlado por oligopolios, que las necesidades de consumo habían cambiado y que existían decenas y decenas de millones de personas deseosas de viajar a bajo coste. Así, entre 1998 —primer año de la desregulación de los cielos europeos— y 2005 el tráfico de Ryanair subió espectacularmente de tres millones novecientos mil a treinta y cuatro millones de pasajeros. Un éxito tan clamoroso que sólo en 2004 se han creado en el mundo más de sesenta nuevas compañías de bajo coste.

Con su estrategia de negocio la compañía aérea irlandesa ha marcado un punto sin retorno: un pasaje comercial, pero también un éxito con un contenido «democrático» en un contexto cuyo centro de gravedad está cada vez más cerca de la lógica del mercado. Mientras las compañías aéreas de Estado —de hecho, de los monopolios— durante años han preferido hacer volar pasajeros «selectos» y a precios elevados, interesándose sólo en las necesidades de las clases medias o de las más ricas, la revolución de las compañías de bajo coste ha puesto la movilidad al alcance de cientos de millones de consumidores, que así han podido conocer países y culturas distintas. Un ejemplo de cómo se puede crear inclusión —un papel desempeñado hace tiempo por las políticas sociales públicas— partiendo de los modelos de consumo.

Ryanair, de hecho, no es más que uno entre los muchísimos ejemplos de las historias de éxito de empresarios que en los últimos años han sabido dar respuesta a las necesidades emergentes de la nueva sociedad de masas. Wal-Mart, Ikea, Apple, Skype, Google, Zara, Starbucks son sólo algunos de los ejemplos de la primacía conseguida en el campo de los empresarios que han sabido interpretar perfectamente el deseo del público de consumir más y mejor, pagando cada vez menos por bienes y servicios.

De esta manera ha aparecido un grupo de consumidores tan amplio como no lo había habido en el curso de la historia de la humanidad, siempre en busca de emplear su tiempo y su dinero de la mejor forma posible. Los efectos sobre la función del consumo han sido dobles: por un lado la tendencia al ahorro se ha estrechado hasta convertirse, en algunos casos, en negativa bajo la presión de una cartera cada vez más amplia de consumos «posibles»; por otro, los consumidores se han acostumbrado a poder influir, o, en otras palabras, codeterminar lo que se les propone.

El resultado está a la vista: las empresas que han tenido éxito son, sobre todo, las que se han mostrado capaces de organizar una estrategia de negocio alineada con las exigencias post clase media. Ikea y Ryanair, por ejemplo, son auténticas máquinas de la rentabilidad. La compañía aérea irlandesa, en un sector industrial en el que la tasa de supervivencia de las empresas es de una de diez, ha registrado en los últimos quince años un solo trimestre de pérdidas y ha sabido aumentar los beneficios netos de cuarenta y ocho millones de euros en 1998 a doscientos treinta y un millones en 2003. La multinacional sueca, Ikea, ha visto, asimismo, que sus ventas se triplicaban en diez años, pasando de tres mil ochocientos millones de euros en 1994 a doce mil ochocientos millones en 2004, y hoy tiene más de ochenta y cinco mil trabajadores en cuarenta y cuatro países.

No muy distinta, por tendencia de crecimiento, es el caso de Wal-Mart, es decir, cómo la gran distribución se ha convertido, a partir de una red comercial al servicio fundamentalmente de la clase media, en una infraestructura dedicada a la clase de masas. Los primeros supermercados, de hecho, bien situados y decorados, tenían como objetivo satisfacer sobre todo las modalidades de compra de las familias burguesas. Sin alejarse de las viviendas ni de las oficinas, sabían ofrecer una vasta gama de productos a precios ligeramente más baratos que en el resto de las tiendas. En favor del supermercado contaba la practicidad al hacer la compra más que el descuento. Pero con la llegada del modelo Wal-Mart todo cambia. En esencia, la estrategia de la cadena comercial más grande del mundo se concentra en mantener el precio lo más bajo posible. Pretendiendo conseguir los márgenes casi exclusivamente del ciclo financiero, es decir, de la diferencia entre el valor de los ingresos en caja y el de los pagos a proveedores, Wal-Mart puede permitirse vender con recargos sobre el precio de compra cercanos a cero o en cualquier caso reducidos. Lo que significa que el engranaje clave de su modelo de negocio es la rotación de las mercancías: cuanto más rápido vacíen los consumidores sus baldas, mayor es el monto sobre el que se aplica la diferencia de tasa del ciclo financiero. De hecho, el poder de mercado ha repercutido en favor de los consumidores: los proveedores de Wal-Mart sufren todo el gravamen que conlleva el extrapoder de mercado del coloso comercial y, por lo tanto, se ven obligados a conceder términos de pago siempre favorables, mientras que los precios reducidos al máximo impulsan a los consumidores a acelerar cada vez más las compras.

Es la lógica del bajo coste, con matices sin duda originales, aplicada al sector de la gran distribución comercial. Un modelo que apunta al corazón del consumidor de la clase media al ofrecerle el máximo descuento posible. Y así, al cabo de unos años, Wal-Mart se ha convertido en otro fenómeno global. En 1995, el grupo facturaba poco más de setenta y ocho mil millones de dólares, que han pasado a ser más de doscientos ochenta y cinco mil en 2004, generados por más de cinco mil centros comerciales, de los que casi mil seiscientos están fuera de los Estados Unidos.

A lo que estamos asistiendo —y que, es más, hoy representa y expresa un componente significativo del valor adicional de los consumos— es a la coronación del consumidor de nueva generación. El cliente del bajo coste es nómada, en el sentido de que está fácilmente dispuesto a cambiar de proveedor siempre y cuando le convenga, interesado sobre todo en repartir en el mayor número de bienes y servicios la renta que tiene a disposición para las propias compras. Es un consumidor interesado casi exclusivamente en el binomio precio–practicidad de consumo, es decir, un binomio totalmente original respecto a las motivaciones que impulsaban a la clase media a comprar: la posibilidad de utilizar el bien como elemento de afirmación de la propia pertenencia de clase (que es distinto de los bolsos de firma o los móviles de ultimísima generación usados como símbolo de pertenencia, sobre todo entre los jóvenes).

Si no se entiende la lógica de consumo de la sociedad de masas, los beneficios de la empresa pueden descender rápidamente e incluso suponer la salida del mercado. También porque la innovación tecnológica pone al día y aumenta continuamente las posibilidades de ofrecer servicios originales a los consumidores de bajo coste.

Un caso representativo es el de una empresa innovadora que ha sabido localizar un «océano azul» en un mercado, el de las telecomunicaciones, normalmente ralentizado en los impulsos para la renovación por la presencia de oligopolios dominantes herederos de los monopolios legales o naturales. Skype, una sociedad con cerca de tres años de vida, fundada por dos empresarios escandinavos para poder hacer llamadas de teléfono por Internet, con la misma lógica con la que se envían correos electrónicos, puede enorgullecerse de unas cifras de vértigo. El *software,* desarrollado y comercializado por la compañía para activar llamadas de teléfono gratuitas entre ordenadores, lo han descargado de la red, en todo el mundo, ciento cuarenta y un millones de usuarios potenciales; de estos, más de cincuenta millones, según análisis recientes, ya lo usan regularmente para llamar por teléfono a través de Internet desde la oficina o desde la mesa de trabajo de casa. Skype, en definitiva, se ha convertido ya en un coloso de las telecomunicaciones, considerando que Telecom Italia, que lleva en el mercado algunas décadas actuando como un monopolio, a finales de 2004 tenía cerca de veintiséis millones de abonados a la red fija, de los cuales alrededor de seis millones lo estaban a la red RDSI[5]. También Skype —que obtiene su facturación del pago de un canon y a través de los servicios personalizados que ofrece a más de dos millones de clientes— se mueve en la dirección de la máxima satisfacción al consumidor de bajo coste. Así, no debe sorprender que un coloso industrial de

[5] Datos obtenidos del balance del ejercicio de 2004 de Telecom Italia. (RDSI: Red Digital de Servicios Integrados) *(nota del traductor).*

la red, eBay, haya decidido invertir alrededor de cuatro mil millones de dólares para adquirir la propiedad de la tecnología de Skype y sus potencialidades de negocio en el mercado mundial. Y, sin embargo, se olvida a menudo que es precisamente la capacidad de adaptarse a las nuevas necesidades de los consumidores lo que decreta el éxito o fracaso de una iniciativa. Las telecomunicaciones, desde este punto de vista, representan un sector emblemático porque son todavía más difíciles de regular y, por lo tanto, de abrir a los benéficos efectos de la competencia y de la innovación extrema.

La clase de masas ha caminado y continuamente se dirige hacia la «proletarización» de los servicios y los bienes de consumo. Lo que no significa necesariamente calidad inferior. Al contrario. Favorecidos por la experiencia garantizada por las nuevas tecnologías, por el reducido coste de adquisición e intercambio de las informaciones y por la dimensión global de la demanda, los consumidores de bajo coste se encuentran en una posición de fuerza que ni siquiera los que han formado parte de la más que reconocida clase media han soñado nunca con alcanzar. Tienen más facilidad y familiaridad en la organización y obtención de resultados, y pueden dirigir la oferta para satisfacer las propias exigencias. Hoy, las relaciones económicas se caracterizan, mucho más que en el pasado, por lógicas *«bottom-up»* (de abajo arriba), que dan cada vez más poder a los consumidores: quien produce debe ingeniárselas y trabajar duro para atraer a los clientes de bajo coste, y ya no al contrario.

Obviamente, no todos los consumidores están encantados con Wal-Mart, Ryanair o Ikea. Una nueva aristocracia, enormemente patrimonializada por la utilización empresarial del conocimiento, reclama bienes y servicios exclusivos, personalizados y con elevado valor adicional. También en este caso, si observamos de cerca los datos, nos encontramos ante un fenómeno de masa, en relación con el elevado número de nuevos ricos. En 2004 se censaron en el mundo seiscientos noventa y un multimillonarios —ciento cuatro más que el año anterior— con una riqueza añadida de tres mil trescientos millones de dólares. Algunos de los mayores multimillonarios del mundo son precisamente los geniales fundadores de las empresas de bajo coste de éxito, como Ingvar Kamprad de Ikea, el sexto hombre más rico del planeta, con un patrimonio personal de veintitrés mil millones de dólares, o los miembros de la familia Walton, de Wal-Mart, que ocupan varios puestos en la lista de los más ricos publicada por el semanal *Forbes*. Los multimillonarios en dólares aglutinan a decenas de miles de personas esparcidas por todo el mundo. Para esta aristocracia de la renta y del patrimonio han nacido y nacerán empresas especializadas en la satisfacción de sus necesidades no de bajo coste. Los coches de Ferrari, los equipos de alta fidelidad de Bang&Olufsen, los jets privados de Gulfstream, la ropa de Versace y las joyas de Cartier son sólo algunos ejemplos de marcas al servicio de los consumidores multimillonarios. Pero, a menos que sea para hacer negocios rentables o que aumenten su patrimonio, esta franja de la sociedad se mueve en su mundo y no está interesado para nada, o casi para nada, en lo que hace o consume la clase de masas.

Tampoco se interesan en los consumos de bajo coste, por razones radicalmente distintas, los muchos excluidos: consumidores que no disponen de una renta suficiente para comprar ni siquiera servicios o productos superdescontados. En 2001, en la Unión Europea —un área de bienestar y bien protegida por un consolidado Estado social, capaz de redistribuir recursos transversalmente entre las diversas franjas de renta anual— nada menos que el quince por ciento de la población vivía de hecho en una situación de pobreza (según un estudio del Eurostat) (Eurostat, 2005). Antes de las intervenciones redistributivas públicas, el porcentaje subía al veinticinco por ciento. Se trata de núcleos familiares o individuos que viven con rentas inferiores al sesenta por ciento del salario medio y que están imposibilitados casi completamente para permitirse consumos que no sean los de supervivencia y servicios adicionales a los sociales.

En Estados Unidos, el número de personas sin ninguna cobertura sanitaria, excepto la básica y gratuita asegurada por el servicio público, sigue creciendo: según los datos de 2005, el problema abarca a cuarenta y cinco millones de ciudadanos americanos. No poderse permitir ni siquiera una mínima póliza sanitaria es señal evidente de indigencia o de dificultad económica de las familias (excepto algunos jóvenes que, aun pudiendo pagar un seguro, eligen «apostar» por su buena salud y ahorrarse el coste de la prima).

En cualquier caso, fenómenos sociales como los descritos en estas páginas no pueden examinarse sólo desde el punto de vista de las rentas que, a menudo, y en general, no bajan sino que incluso pueden registrar un limitado progreso. Las estadísticas, en este campo, no ofrecen datos de que esto suceda inmediatamente, porque las comparaciones con una distancia de decenios se adecuan a la inflación —distinta en cada país— y a los cambios en el poder adquisitivo. En cada Estado, además, las modificaciones en la distribución de la riqueza producida se calculan, en general, dividiendo a los perceptores de rentas en «quintos»: cinco franjas superpuestas, cada una de las cuales «contiene» el veinte por ciento de los sujetos.

Y, sin embargo, en Estados Unidos, el veinte por ciento de los ciudadanos más ricos (rentas por encima de los setenta y cinco mil dólares al año), que en 1967 percibía el 43,8 por ciento de las rentas totales, en 2003 ha alcanzado el 49,8 por ciento: se ha quedado con la mitad de la «tarta» de las rentas estadounidenses, mientras que el peso de la franja central (rentas entre treinta y cinco mil y cincuenta mil dólares al año) ha bajado del 17,3 por ciento al 14,8 por ciento del total. Un fenómeno que, obviamente, no indica un empobrecimiento en términos absolutos —en los últimos treinta y cinco años la riqueza producida en los Estados Unidos ha crecido enormemente y todos se han beneficiado de alguna manera— sino una distribución desequilibrada que ha favorecido a los perceptores de rentas más altas, en detrimento precisamente de la clase media: en el periodo 1967-2003, la franja central ha visto crecer, de hecho, su renta en un 31,9 por ciento, al igual que los pobres de la franja más baja (con rentas de cero a quince mil dólares al año), que han registrado un aumento del 31,7 por ciento. Para los ricos de la franja más elevada, el incremento de la renta ha sido del 75,6 por ciento.

Año tras año, esta dinámica divergente de las rentas ha producido desequilibrios todavía más macroscópicos en la acumulación de riqueza (inmobiliaria, financiera, etcétera): hoy, el uno por ciento de los ciudadanos con rentas más elevadas tiene en su poder el cuarenta por ciento de la riqueza de todo el país, un trozo más grande del que corresponde al noventa por ciento de los trabajadores con renta inferior. Datos que hacen decir a Laura D'Andrea Tyson —presidenta de la London Business School y jefa de los consejeros económicos de Clinton en la Casa Blanca a mediados de los años noventa— que en Estados Unidos una distribución de las rentas tan desigual y desequilibrada no se veía desde la «edad del *jazz*», los locos y salvajes años veinte (Tyson, 2004).

Entre estos dos estratos sociales extremos se agita el magma de la gran clase de masas. Es una clase en parte original y en parte evolutiva, que se ha acostumbrado a consumir cada vez más servicios y productos incluso con la misma renta. O mejor, se ha acostumbrado a vivir en un contexto en el que las posibilidades de consumo incremental aumentan al aprovechar una oferta de bajo coste que, gracias a la compresión de los precios, se traduce en un aumento del poder adquisitivo.

Una clase que, en su perfil y en su psicología, recuerda mucho a las masas romanas de la época imperial: no quiere «pan y circo» porque sabe que tiene que pagar los servicios que consume, pero quiere juegos cada vez más largos y pan siempre abundante, a precios más baratos. Y si el emperador la desafía cerrando el Coliseo o suspendiendo la distribución del pan, es muy probable que pierda el poder en la primera revuelta. Pero ofrecer siempre servicios de bajo coste a esta clase de masas no es un ejercicio fácil. Se buscarán, como veremos más adelante, políticas públicas originales y quizá un nuevo contexto de crecimiento sostenible.

Capítulo VI. Y la industria llamó al antropólogo. Brasil, China, India, Turquía, Rusia: el hogar de los nuevos consumidores

En Oregón, en las colinas de Hillsboro, en los laboratorios de Intel no trabajan sólo los investigadores que desarrollan nuevas generaciones de microprocesadores. En los edificios del User-Centered Design Group, una nutrida escuadra de técnicos informáticos, expertos en mercadotecnia, un grupo de diseñadores y quince etnógrafos estudian los mercados de los países en vías de desarrollo: gustos, costumbres, necesidades actuales y futuras de poblaciones que, en India, China, Brasil, Rusia, Sudáfrica, Turquía y el sudeste asiático, están experimentando un rápido crecimiento de las rentas. En la reorganización decidida, en enero de 2005, por el mayor productor mundial de «motores» de ordenador, una de las cinco divisiones, la Intel Channel Products, tuvo la misión precisamente de «detectar las nuevas exigencias de los mercados emergentes del mundo».

Hasta hace poco tiempo, cuando hablaban de mercado, las grandes multinacionales pensaban en Norteamérica, Europa y Japón. El resto del mundo se veía sólo como potencial plataforma para producir a bajo coste y reexportar a los mercados occidentales. Las excepciones eran pocas: refrescos (la Coca-Cola gestiona doscientas marcas en doscientos treinta países), detergentes, alguna fábrica de automóviles «austera» o los

Ferrari y los Rolls Royce vendidos a jeques árabes y príncipes del Rajastán.

Es comprensible: todavía hoy, en el mundo, los mil millones de personas con una renta superior a los diez mil dólares al año —el mercado de referencia de las compañías que producen bienes de consumo— se concentran en gran medida en el mundo occidental. Pero el paisaje está cambiando muy rápido: en los próximos diez años —según A. T. Kearney, estudioso de la sociedad de consumo global— más de novecientos millones de personas alcanzarán este umbral de renta (el cálculo se hizo con referencia al valor «fuerte» del dólar del año 2000). Casi todos los consumidores de esta nueva clase media estarán en los países de nueva industrialización.

No serán mercados muy ricos. Como en los años cincuenta en Europa, al principio las familias chinas e indias intentan satisfacer sobre todo exigencias básicas: lavadora, automóvil, aparatos de climatización. Y, además, problemas de renta aparte, habrá que superar desconfianzas y barreras culturales. Los etnógrafos, por ejemplo, desarrollan una función específica en el estudio de las poblaciones locales: los de Intel incluso han vivido un tiempo con familias chinas para comprender cuáles son los productos que pueden atraerlos y cuáles los recelos que hay que manejar.

Las industrias de la tecnología de la información no comprendían por qué las familias chinas —de un país que está dando precisamente pasos de gigante en la informática— no compraban un ordenador incluso cuando disponían de una renta que se lo permitía sin grandes problemas. Al final se comprendió que la estructura patriarcal de la sociedad china, donde la atención está concentrada en la formación cultural de los hijos, y cuyos estudios no se dejan en manos de los padres, que trabajan, sino del cuidado severísimo de los abuelos, el ordenador se veía como un elemento ajeno: una fuente potencial de distracción, un vehículo de flujos externos que una persona anciana y a años luz de las nuevas tecnologías no era capaz de controlar. Así, Intel —que produce los microprocesadores instalados en la mayoría de los ordenadores estadounidenses y chinos— ha creado un teclado con cuatro grandes botones de colores que permiten, incluso a un familiar que nunca haya entrado en Internet, limitar la actividad del ordenador sólo a las funciones didácticas o abrirlo selectivamente en el área de juegos o de navegación por la red.

En definitiva, no faltan dificultades en los países de nueva industrialización, incluidas las relacionadas con la aguerrida competencia de las empresas locales. Y, sin embargo, con los mercados occidentales ricos pero ya maduros, y con una población que envejece y no aumenta numéricamente, para las multinacionales estadounidenses, europeas y japonesas que quieren seguir desarrollándose, los países emergentes representan una ocasión irrenunciable.

Intel, de hecho, no es la única en dirigirse a estos nuevos consumidores, en estudiar ordenadores adaptados al mercado de las familias chinas o sistemas integrados audio-vídeo, baratos y compactos, para las habitaciones de las residencias de los estudiantes universitarios indios. Hewlett Packard ha estudiado sistemas fotográficos completos de impresoras portátiles alimentadas por baterías solares para vender en India, incluso fuera de las grandes ciudades. Mientras, Ilkone Mobile Telecommunications, una sociedad con base en Dubai, ha empezado a comercializar un teléfono móvil dirigido a los consumidores musulmanes (potencialmente, un mercado de mil cuatrocientos millones de personas), que no sólo llevan en la memoria los versos del Corán, sino que también dispone de una brújula que les permite localizar, a la hora del rezo, la dirección de La Meca. Otro nuevo mercado es el de Simputer, máquinas muy simples y robustas, destinadas al mercado de la India rural —y, por lo tanto, capaces de resistir la humedad y el polvo— que unen las funciones de caja registradora y ordenador para la gestión de las tiendas. También Dell, líder mundial de ordenadores personales, ahora desafiada por Lenovo-IBM, ha invertido mucho en el mercado chino. Un mercado difícil y poco rentable (además de que la compañía americana parte en desventaja, porque al consumidor asiático le gusta observar, tocar el producto antes de comprarlo, mientras que Dell está especializada en la venta en línea que anula los costes de comercialización), pero, también aquí, la única alternativa a la penetración en los nuevos mercados es la retirada.

En los primeros cincuenta años de la era de la «tecnología de la información», el uso del ordenador se difundió casi exclusivamente en Estados Unidos, Europa y Japón. Ahora estos mercados están maduros: después de décadas de crecimiento con dos dígitos, de aquí al 2008 en los Estados Unidos el mercado del ordenador se desarrollará a un ritmo no superior al seis por ciento, según los estudios de mercado de la International Data Corporation (IDC), que, sin embargo, prevé para China, India, Rusia y Brasil un crecimiento medio del once por ciento en los próximos cinco años.

Detrás del desarrollo de estos mercados existe un empuje económico turbulento que da vida a una realidad social muy fragmentada: en India y China no sólo hay personas que salen poco a poco de la indigencia, sino millones de sujetos —empresarios, ingenieros, profesionales administrativos y técnicos y académicos— que ya han alcanzado una renta y unos hábitos de consumo muy cercanos a los de las clases medias occidentales. Más de cien millones de chinos ya están en esta situación, y el proceso se está acelerando, mientras que entre treinta y cuarenta millones de indios ingresan cada año en las clases más acomodadas.

Como explica Paul Laudicina, director del Global Business Policy Council de A. T. Kearney:

> El mundo globalizado es una realidad difícil, llena de desequilibrios y riesgos, pero sobre este terreno es donde las grandes empresas deben enfrentarse, porque las oportunidades de crecimiento económico fuerte se están desplazando cada vez más de Occidente a países de nueva industrialización. [Laudicina, 2005.]

Los grupos que tienen una cultura de mercado más sólida son ya conscientes de eso: IBM y General Electric no sólo han invertido mucho en Asia, sino que han abierto nuevos centros de investigación en China e India. También las multinacionales de los bienes de consumo de masa, como productos de higiene y bebidas —Johnson&Johnson, Colgate-Palmolive, Unilever, Procter&Gamble, productores de los considerados «*Fast Rotating Consumer Goods*» (bienes de consumo de rotación rápida)— trabajan activamente en este frente: Colgate, que todavía en el año 2000 tenía centros de excelencia y desarrollo de los productos sólo en Estados Unidos y en Europa, hoy ha abierto nuevos centros de investigación en México, China, Rusia y Filipinas.

La tarea es, sobre todo, estudiar las técnicas de introducción de productos incluso en las zonas más pobres del mercado. En el caso de los dentífricos, por ejemplo, antes de la fase publicitaria viene la «didáctica»: la explicación de los beneficios de estos productos a una población que no los ha usado nunca, pero que ahora dispone de la renta suficiente para comprarlos. C. K. Prahalad, profesor de origen indio de la Universidad de Michigan y autor de un libro sobre el comercio en los países en vías de desarrollo (Prahalad, 2005), explica que otra técnica eficaz es la de difundir lo máximo posible el uso de confecciones monodosis porque la gente desea consumir productos industriales aunque tenga una renta limitada. De esta manera, por ejemplo, las multinacionales que producen champú han conseguido alcanzar las franjas pobres de la población y ganar.

Incluso África, el continente más pobre y atrasado, se está convirtiendo en un mercado importante: en la primavera de 2005, Motorola comenzó a producir millones de teléfonos móviles a bajo coste para venderlos precisamente en esta región por unos treinta y cinco dólares. Hoy, en el continente negro los usuarios de telefonía ascienden a ochenta y dos millones —sobre una población total de setecientos millones de habitantes—, de los que tres cuartas partes utilizan móviles. Su difusión promete ser el instrumento más eficaz para el crecimiento económico en África. No es por casualidad que los países más dinámicos, como Nigeria, registren tasas de crecimiento en telefonía móvil del cien por cien al año.

La ampliación del mercado de bienes de consumo más allá de Occidente es sólo uno de los aspectos de una transformación social que se hará cada vez más turbulenta, sobre todo en los países de nueva industrialización: como en la Europa de posguerra, el rápido crecimiento de la renta produce una distribución discordante de la riqueza, que favorece una segmentación de la sociedad.

Los estudios realizados sobre la base de los datos del Banco Mundial y del estadounidense Census Bureau indican que ya en 2015 sólo China tendrá casi seiscientos millones más de ciudadanos concentrados en la clase de consumidores en masa, ochenta y dos millones de renta alta (clientes estables de la industria del lujo) y veinticuatro millones de verdaderos ricos. En Brasil habrá treinta y tres millones de ciudadanos pertenecientes a la que antes se llamaba pequeña burguesía, nueve millones de pudientes y otros tantos de ricos. Por contra, en Japón, una demografía avara frente a un desarrollo significativo de la riqueza, antes incluso que de la renta (aun en el caso de que las retribuciones no crezcan de manera significativa las familias estarán muy patrimonializadas) provocará la pérdida de peso de la antigua clase media (de los actuales cincuenta y seis a cuarenta y nueve millones de ciudadanos), mientras que la franja del bienestar quedará más o menos estable (de treinta y seis a treinta y nueve millones), y la de la riqueza se ampliará de los actuales dieciocho a los veinticuatro millones de personas. El mismo proceso se verifica en Alemania, la principal economía europea, donde la franja que se identifica con la antigua clase media se reduce (de los actuales cuarenta a treinta millones) mientras que los ricos pasarán de nueve a diecinueve. Estados Unidos prevé un crecimiento espectacular de la población con renta más elevada (de los actuales ochenta y dos a ciento cuarenta y cinco) mientras la clase media-baja pasará de ochenta y cuatro a sesenta y ocho millones de sujetos.

El resultado de esta tumultuosa transformación es que, en un futuro no muy lejano, dentro de diez años, por primera vez en la historia el ochenta por ciento de los consumidores de nivel medio vivirá fuera del mundo industrializado. Son datos que explican por sí solos por qué el interés del sistema industrial en mantener con vida en Occidente a una fuerte clase media cada vez es menor, y no porque estos mercados dejen de existir o pierdan importancia: aquí quien produce bienes de consumo no de lujo como mucho puede defender sus cuotas de mercado. Las sociedades, sin embargo, están acostumbradas a razonar en términos de crecimiento y hoy las oportunidades se encuentran en los nuevos mercados. Lo saben bien los directivos más prometedores de las multinacionales estadounidenses: hace un tiempo estos «jóvenes leones» se ponían a prueba en Milán o Berlín; hoy tienen que demostrar lo que valen en Delhi o Estambul.

Capítulo VII. La nueva ecuación social: más consumo, más desequilibrio. Un bienestar con menos recursos. Las nuevas pensiones de Chile, Polonia y Suecia

En 2004, General Motors gastó cinco mil seiscientos millones de dólares en asistencia sanitaria para un millón cien mil empleados. O mejor, empleados en servicio y, sobre todo, una montaña de antiguos empleados, entre ellos algunos pensionistas centenarios.

Ante la competencia cada vez más tenaz de las casas japonesas y coreanas, que son más eficientes, producen modelos considerados más atractivos por el público estadounidense y no tienen que afrontar los enormes costes sociales que gravan al grupo de Detroit, General Motors decidió tratar de arreglar la situación. En 2005 puso en marcha una difícil negociación con el United Auto Workers (UAW) —el sindicato del automóvil—, para intentar redimensionar sus gastos sanitarios, que en aquel momento se acercaban a los mil quinientos dólares por vehículo vendido. Una tarea bastante problemática: se puede penalizar, como de costumbre, a las jóvenes generaciones al reducir las coberturas del seguro de los nuevos empleados. Pero el setenta por ciento del gasto a cargo de General Motors corresponde a los pensionistas, por lo que no se puede comprimir. Por ahora, la colaboración con el sindicato ha llevado sobre todo a iniciativas de prevención, como el programa

«Lifestep»: una campaña para convencer a los obreros apasionados de la caza —actividad muy popular entre los empleados de General Motors— de que, cuando abatan a un cervatillo de setenta kilos, no deberían llevarlo fuera del bosque por ellos solos, sobre todo si tienen problemas de corazón.

El sistema del bienestar no está en crisis sólo en la Europa de los altos estándares de asistencia y del elevado gasto público. En Estados Unidos hay actualmente poca cobertura sanitaria, el Estado ofrece sólo una ligera asistencia (y relativamente poco costosa), integrada por varias formas de seguros privados, que han funcionado considerablemente bien mientras los mercados financieros ofrecían altos rendimientos a los fondos de seguros que habían invertido en acciones. Pero, en los últimos años, la Bolsa ha ido bastante peor, y las empresas se han encontrado, de repente, con que deben saldar la cuenta de los fondos en déficit para garantizar a empleados y pensionistas el nivel de prestaciones estipulado en los acuerdos.

Mientras, la tesis de la progresiva desaparición de la clase media no contenta a todos: dentro del espectro conservador, una patrulla de economistas contesta a los estudios sobre la polarización de las rentas considerándolos marcados por un prejuicio ideológico, pero, ahora, los también conservadores del *Wall Street Journal* (Scott, Leonhardt, 2005) mantienen que en Estados Unidos se está produciendo una preocupante ampliación del desfase entre ricos y pobres, acompañado de la caída de la movilidad social. Sobre este análisis no hay contrastes significativos, al menos por lo que se refiere a los estudiosos. Es difícil encontrar un observador atento y no condicionado por vínculos políticos o sindicales que no mantenga la necesidad de revisar los sistemas de protección social que se están haciendo insostenibles en todo el Occidente industrializado.

Nuestras sociedades se encuentran, de hecho, cada vez más constreñidas: por un lado, el envejecimiento de la población hace que los costes de las pensiones se disparen, y la continua mejora de las tecnologías médicas nos permite vivir más, pero con tratamientos más costosos; por otro lado, existe la necesidad de mantener posiciones al menos en los sectores industriales en los que los productores asiáticos no han superado a Europa y Estados Unidos: aquí es necesario afrontar una competencia —sobre todo la china— que, aparte de conllevar un coste del trabajo enormemente más bajo, prácticamente no sabe lo que son las cargas sociales. Encontrar soluciones políticamente aceptables no es fácil, y se dispone de poco tiempo, sobre todo porque desde 2008 empezarán a jubilarse los niños de la generación del *«baby boom»:* sólo en Estados Unidos hubo setenta y seis millones de nacimientos entre 1946 y 1964.

Se trata, por lo tanto, de sistemas que hay que revisar en profundidad. Sí, ¿pero para hacer qué? Hay muy pocas recetas que se puedan poner en práctica. En Italia, la izquierda reformista ha tenido presente durante mucho tiempo la intención de apuntalar un sistema de pensiones público cada vez más desequilibrado, añadiendo un segundo apoyo basado en cotizaciones privadas obligatorias (fundamentalmente organizaciones sectoriales o empresariales) y quizá un tercer apoyo completamente privado, basado en las elecciones individuales de cada trabajador.

Supone un modelo ciertamente más válido que nuestro sistema actual, pero que necesita ulteriores correcciones: Estados Unidos, que lo aplica desde hace décadas, debe afrontar hoy una grave crisis, aunque no es comparable con los desequilibrios de países como Italia. En Estados Unidos, paradójicamente, tiene más problemas el sector privado que el público; como trataremos en el capítulo octavo, el presidente Bush ha insistido durante meses en la necesidad de cancelar el sistema público de pensiones y privatizarlo si se quiere evitar la quiebra de la Social Security. Así, ha sacado a la luz un problema que aparecerá en los próximos decenios: la asistencia pública estadounidense estará, de hecho, en números rojos sólo a partir de 2040, y su déficit no superará nunca el 0,8 por ciento de la renta nacional. Una situación infinitamente menos grave que en Italia, porque empresas y trabajadores estadounidenses pagan cotizaciones asistenciales cercanas al doce por ciento de la retribución, mientras que en Italia es casi el triple.

La verdadera crisis, sin embargo, es hoy la de la asistencia social y sanitaria ofrecida por el sector privado. El problema más importante son los seguros personales: las clases medias se están empobreciendo también porque les cuesta que buenos inversores gestionen los planes de pensiones individuales llamados «401 K», que ofrecen intereses inferiores a las previsiones. Estos fondos, que existen desde hace veinticuatro años, se han convertido en la principal forma de ahorro pensionístico de cuarenta y dos millones de americanos. Otro factor que drena recursos de los bolsillos de los ciudadanos es que los costes sanitarios se han disparado mientras que las pólizas de seguros ofrecen coberturas cada vez más limitadas.

Pero el punto verdaderamente crítico para el sistema económico se encuentra en el de la asistencia garantizada directamente por muchos contratadores —esencialmente las grandes empresas— a sus empleados y jubilados. Se trata del problema más urgente porque mina la capacidad de las empresas para estar en el mercado y deja parcialmente sin cobertura a los empleados de las sociedades que entran en crisis.

Lo que se cuestiona es el propio funcionamiento de la economía de mercado. En Estados Unidos, cuando se habla de competitividad, se acaba por traer a colación la divergencia entre el Occidente industrializado y los países emergentes; sin embargo hay otra, menos citada pero igualmente importante: en los Estados Unidos difieren las empresas jóvenes —con poca representación sindical y que tienden a ofrecer a sus trabajadores sueldos más elevados pero escasos beneficios sociales— de los grandes grupos «históricos».

No sólo tienen dificultades los colosos manufactureros como, precisamente, los grupos del automóvil, de la energía o de las telecomunicaciones, sino también, por ejemplo, los grandes protagonistas del transporte aéreo (de Delta a Continental, de United a US Air), que —al tener una tradición de fuertes relaciones sindicales— han concedido siempre sólidos paquetes de seguros al personal y a los pensionistas. Pero hoy ya no saben qué hacer para competir con las compañías de bajo coste: todas jovencísimas, esbeltas mucho más flexibles que los «grandes nombres» del transporte y que, sobre todo, no tienen que gravar los billetes con los costes sanitarios y de jubilación de miles de empleados y jubilados.

Las crisis que estallan de vez en cuando se afrontan sólo con algún parche, además a cargo del Estado: en algunos casos, cuando la compañía con dificultades va hacia la bancarrota (o pide la protección del «Chapter 11» para poder reestructurarse al amparo de las peticiones de los acreedores), sus deudas sociales se trasfieren a una agencia pública. Lo cual comporta tres problemas:

1) una ampliación, en vez de una reducción (como querría Bush con las cuentas de ahorro individuales), del área del sistema de pensiones público;

2) un sensible aumento del elevado déficit del presupuesto federal, debido a que los entes en cuestión llevan tiempo en déficit y no se han recapitalizado;

3) un empeoramiento de las condiciones de los trabajadores (como ya ha sucedido, de hecho, en United Airlines), debido a que estas agencias federales que se encargan de su asistencia social financian sólo pensiones básicas y no ciertamente las que se habían negociado con pilotos y asistentes de vuelo, bastante más generosas.

¿Qué hacer? Mientras, hay un problema de moralización de la gestión de estos fondos. El de United Airlines ha sido un ejemplo de hundimiento, aparte de por sus desequilibrios estructurales, por los profesionales financieros que la han gestionado: gente que ha tomado decisiones muy arriesgadas, y a menudo equivocadas, y que se ha asignado a sí misma sueldos excesivos. Pero también está la posibilidad de rehacer los mecanismos de determinación de los beneficios, a la luz de un rendimiento de las inversiones financieras que en los últimos años se ha reducido bastante. Y, de hecho, en el otoño de 2005, el Congreso de los Estados Unidos estaba trabajando activamente en una reforma de la asistencia empresarial mientras la revolución de la Social Security impulsada por Bush estaba todavía en pañales.

Sea pública o privada, la revisión de los mecanismos asistenciales será, en cualquier caso, uno de los temas dominantes de los próximos años. Para la búsqueda de una reforma del sistema del bienestar no demasiado punitiva y que no provoque otros trastornos en la geografía social, se exploran los modelos experimentales de otros países. El más citado es el modelo chileno, pero no es el único. La reforma de la república sudamericana data de 1980: un periodo superior a veinticinco años es más que suficiente para probar el nuevo sistema, que ha demostrado funcionar bastante bien. Está basado en cuentas de ahorro individuales como las que Bush quiere introducir en los Estados Unidos, ha ofrecido a los asegurados rendimientos mucho más elevados que el sistema asistencial público y ha recogido con los años un enorme volumen de capital que ha sido el origen del resurgimiento económico de Chile.

Concebido durante la dictadura de Pinochet, el sistema ha sido aceptado políticamente gracias al hecho de que también los gobiernos de izquierda establecidos en Santiago en los años noventa decidieron seguir con el modelo.

Pero una cosa es reconocer el éxito del experimento y otra bien distinta considerarlo universalmente válido y exportable sin problemas. Como reconoce también el *Wall Street Journal,* la reforma, al principio, se valió de circunstancias políticas y económicas irrepetibles: un régimen dictatorial ante el cual era imposible manifestar los temores y el malestar suscitados por un cambio tan radical. El gobierno tampoco tuvo que preocuparse por posibles manifestaciones de desacuerdo cuando decidió grandes recortes en el gasto público y una vasta privatización de las actividades económicas con objeto de llevar el presupuesto público del déficit al consistente «extra» necesario para financiar el paso al nuevo régimen asistencial «por capitalización». También las condiciones financieras se revelaron favorables: a principios de los años ochenta una crisis financiera impuso tasas de interés muy altas. La rápida caída del precio del dinero en los años siguientes hizo subir los precios de las obligaciones adquiridas por los nuevos fondos de pensiones, que, así, hicieron ingentes ganancias de capital.

Son muchos los que evidencian que la situación en los países industrializados —y en los Estados Unidos en particular— es muy distinta, empezando por las bajas tasas de interés y por los rendimientos financieros, que también son bastante reducidos. Por lo demás, también los fondos chilenos, que en los primeros quince años habían permitido registrar un rendimiento medio anual del 12,7 por ciento, en los últimos ejercicios han descendido a niveles muy bajos.

Otra experiencia —que además ha causado sensación— es la de Polonia, que «privatizó» sus pensiones en 1999. Hubo un gran entusiasmo inicial, pero después muchos se retractaron, porque el gobierno, al autorizar nada menos que a cuatrocientas cincuenta mil personas (el uno por ciento de la población total) a que se hicieran agentes vendedores de las pólizas por cuenta de los veintiún fondos de pensiones reconocidos, abrió el camino a una situación caótica, llena de abusos: desde la imposición de comisiones demasiado elevadas hasta el comercio con pólizas falsas.

Más interesante es el experimento sueco, también basado en la introducción de cuentas privadas, pero con la garantía de una atenta vigilancia por parte del Estado, que ha colocado un intermediario público —la Premiepensionsmyndigheten (PPM)— entre los ahorradores y los gestores de los fondos. Las pensiones distribuidas son bastante elevadas pero también lo son las cotizaciones retenidas en el sobre de la paga (el 18,5 por ciento que, sin duda, a los italianos les parece poco, pero que constituye, en cualquier caso, el cincuenta por ciento más de lo recaudado en los Estados Unidos). Además, los críticos más severos mantienen que los aumentos de beneficios concedidos por los gobiernos conservadores en los años noventa impondrán —a partir del 2025— un sustancial aumento de las cotizaciones, quizá incluso hasta el treinta y seis por ciento.

Otro caso de gran interés es el del Reino Unido, donde el líder laborista Tony Blair ha vuelto a ganar, con dificultad, también en las elecciones del 2005, a pesar de —a diferencia de los Estados Unidos y de otros países europeos— haber practicado una política que, de hecho, ha aumentado la carga de las retenciones en todas las franjas sociales, pero de manera más sensible para la clase media. También el sistema de pensiones británico, reformado a finales de los años ochenta, cuando pareció que el *boom* de los mercados financieros hacía particularmente apetecibles las nuevas cuentas privadas, hoy presenta muchas incógnitas: la reforma está salpicada de estafas y escándalos que han inducido a muchos asegurados a volver a la asistencia pública, más tranquilizadora, pero que, sin embargo, hace aguas: la comisión de investigación nombrada por Blair y presidida por Alistair Turner ha demostrado que, a los actuales ritmos de envejecimiento de la población, para asegurar en el futuro a los jubilados el mismo nivel de renta garantizado hoy a quien ha dejado de trabajar, la cuota del producto interior bruto nacional destinado a la asistencia pública debería subir del actual diez al quince por ciento. Como alternativa, para mantener el sistema en equilibrio, los futuros pensionistas deberían aceptar una reducción del treinta por ciento en sus pensiones. Técnicos y políticos buscan ahora soluciones alternativas basadas en una ampliación de la vida laboral y el refuerzo de la asistencia complementaria.

La reorganización de los sistemas asistenciales representa uno de los grandes desafíos que los países occidentales deben afrontar: sólo Italia, desde su alto treinta y tres por ciento recaudado por cada trabajador, no parece preocuparse demasiado. Y, sin embargo, esta «cuña fiscal» constituye una de las causas más relevantes —quizá la principal— de su declive como país industrial.

En cambio, se está perdiendo la otra función que los gobiernos han desempeñado históricamente, sobre todo en Europa, en el siglo XX: la de redistribuidores de la renta. Casi todos los sistemas se orientan hacia sistemas de asistencia complementaria individual: instrumentos que no son adecuados para funcionar como vehículos de políticas redistributivas. Y aun así los gobiernos, casi todos con un considerable déficit, ya no disponen de recursos para trasladar de un grupo social a otro.

La cuestión del bienestar, como se ha dicho al principio, no está ligada sólo a la asistencia: lo está también al alto coste de la sanidad y al problema de los regímenes de asistencia social a las clases débiles de la población y a los parados. En Estados Unidos, además, siempre ha habido mucha más atención por formas de bienestar activo —se ha preferido dar formación, escuela, financiación de cursos de reconversión profesional para quien ha perdido su trabajo, antes que subsidios—, que han garantizado hasta ahora una mayor eficiencia y una mayor disponibilidad de recursos intelectuales respecto a Europa. Un beneficio que existe aún, pero que se está reduciendo a causa del recorte en los presupuestos educativos, de las políticas de inmigración más severas tras los atentados del 11 de septiembre y del nacimiento —por ejemplo, en India y en China— de nuevos polos de atracción de «cerebros».

No es fácil volver a poner en rumbo la nave: una propuesta para evitar que la mayor movilidad del mercado conduzca a una condición «proletaria» a los trabajadores de la clase media, obligados a transitar de un trabajo bien pagado a otro con retribución inferior, la ofreció hace tiempo Robert Litan, economista de la Brookings Institution, el más serio de los «pensadores» progresistas. Litan piensa en un «seguro sobre el sueldo» que, al menos durante dos años, reembolse al trabajador una parte de la retribución perdida en el paso del antiguo trabajo al nuevo.

¿Es para sorprenderse que alguien —además de izquierdas— piense en sustituir el antiguo bienestar por instrumentos financieros de seguros? Hay que mantener la calma, porque aún no nos ha caído en suerte el *«livelihood insurance»* (modo de vida basado en los seguros), propuesto en 2002 por Robert Shiller (Shiller, 2003), el gurú de Yale, que, en el culmen de la euforia de Wall Street y de la «burbuja» especulativa, describió con cierta precisión lo que sucedería al cabo de un año. En su trabajo más reciente (Shiller, 2004), el economista —que ciertamente no es un conservador— mantiene que Wall Street no es sólo un centro de especulaciones financieras, de batallas sin piedad, excesos y abusos, sino también el lugar donde se elaboran las técnicas más avanzadas y eficaces de gestión de riesgos de todo tipo. La política, que ya no puede reestablecer el antiguo modelo de bienestar, podría entonces por lo menos proteger a los trabajadores con una red de coberturas con seguros: instrumentos destinados a activarse no sólo en caso de paro o enfermedad, sino también, por ejemplo, ante la posibilidad de crisis económicas como una repentina recesión o una imprevista pérdida de valor del propio título académico en el mercado de trabajo.

Son ideas audaces definidas como «agradable utopía» por el *Washington Post.* Pero *The Atlantic,* el competente mensual del pensamiento «liberal», las acredita:

> Puede resultar irónico que los mercados financieros —considerados por muchos como amorales, si no incluso inmorales— puedan ofrecer soluciones para algunos de los problemas que pensadores socialistas y utopistas han afrontado con poco éxito durante siglos. Pero, por mucho que el *«livelihood insurance»* parezca una sugestión financiera, las nuevas técnicas de análisis de datos y de gestión de riesgos demuestran que la visión de la sociedad, en la que la gente está protegida con seguros ante el impacto de las crisis económicas, ya no está fuera de la realidad. [*The Atlantic,* 2004.]

En concreto, la propuesta de Shiller, incluso en su originalidad, se puede entender como un punto de evolución hacia un sistema de protección social capaz de tutelar mejor con costes inferiores: un mecanismo que, al alinearse con la filosofía del consumidor de bajo coste descrita anteriormente, ofrece instrumentos contractuales diversificados y personalizados, y es capaz de aprovechar mejor las economías de escala para proteger a los ciudadanos de algunos riesgos —paro, tercera edad, pérdida del valor de la vivienda, la propia inflación o una marcha negativa del ciclo económico— con pólizas de bajo coste.

Esto significa que el antiguo modelo de bienestar, centrado sobre todo en el binomio compuesto por recaudación fiscal y organización pública de los servicios sociales, deberá también alinearse y adaptarse a las presiones del cambio inducido por las preferencias de los nuevos consumidores.

Capítulo VIII. La crisis del modelo europeo y el bienestar de bajo coste. Atrapados entre China y Estados Unidos

Si hubiera que identificar un lugar o una región del planeta en la que, más que en ninguna otra, la desaparición de la clase media se vive con profunda dificultad, incluso con un sentimiento difuso y común de miedo, se trataría sin duda de Europa. Y esto a pesar de que el Viejo Continente presenta éxitos de innovación institucional únicos en el mundo y de que ha creado un ambiente supranacional muy atractivo, incluso para Turquía —país con una historia que se mezcla con la europea, pero que geográficamente está fuera—.

Y, sin embargo, desde hace bastantes años, la Unión Europea vive cada cambio con una postura defensiva, casi de ensimismamiento puro. Todo lo que implica innovación, sobre todo social, se traduce, en el comportamiento contemporáneo de la Unión Europea, en una fibrilación temerosa, en persecuciones de peligrosos fantasmas tachados de poner en peligro el equilibrio alcanzado, en rimbombantes protestas políticas a menudo camufladas bajo la apariencia de nuevos partidos. Globalización, inmigración, innovación tecnológica, destrucción creativa del statu quo industrial para generar un nuevo y mayor valor: todo representa un problema casi insuperable para los ciudadanos y los gobernantes del Viejo Continente. Como si el llamado fin de la historia se transformase, en el caso europeo, en la fórmula más simple de fin de la capacidad de adaptación a lo nuevo, en el fin de la fuerza de la razón que sabe gobernar los cambios y llevarlos a buen puerto.

Europa vive y sufre, más que cualquier otro contexto, el deseo y la voluntad de lo que queda de clase media para sobrevivir al cambio. Hecho razonable si se piensa que Europa —primero la de los totalitarismos, después la del terreno de enfrentamiento de los casi cincuenta años de Guerra fría— ha tenido que apoyarse, en vez de en otros sistemas, en las virtudes contrarrevolucionarias y productivas de la clase media. Su modelo social ha buscado, más que el de otros países, incluso occidentales, niveles de igualdad y de justicia social, y ha garantizado (o ha intentado hacerlo), más que otros, tranquilidad y estabilidad.

La clase media ha sido y es todavía el modelo ideal de referencia del modelo social europeo, que siempre ha albergado la esperanza de diluir la diferencia entre clases favoreciendo el gradual «desplazamiento hacia arriba» de la clase obrera. Se comprende, pues, que en este continente se tenga más dificultad en tomar conciencia del hecho de que la clase media ha cedido su lugar a una nueva realidad común.

Así se puede, quizá, explicar por qué la política europea busca un supuesto votante de centro al que, analizado desde la perspectiva de la clase media antes delineada, no hay mucha razón para buscar: de hecho, los votantes «extremos» pueden marcar más fácilmente diferencias en los resultados electorales, ya que el gran magma de la sociedad de bajo coste tiende, por definición, a estar poco ideologizado y a dividirse según los programas y ofertas políticas que, en el ámbito económico (retenciones, servicios públicos, posibilidades de acceso a los mercados), son cada vez más coincidentes.

Basta con observar la experiencia italiana de la última década: tanto los gobiernos de derecha como los de izquierda han intervenido en las pensiones con reformas parciales que han reducido los beneficios, pero sin tocar en profundidad los mecanismos que hoy funcionan. Tanto unos como otros han decidido descargar los mayores gravámenes de estas medidas en las generaciones futuras.

En cuanto a las liberalizaciones, que deberían suponer un componente esencial del ADN de una formación que se defina como liberal, las promesas del gobierno de derecha se han quedado en el tintero: las únicas y tímidas intervenciones se remontan a la primera fase del primer gobierno de Prodi, a mediados de los años noventa (reforma del comercio, difusión de la gran distribución, baremos para el gas y la electricidad). En cuanto a los impuestos, se discutió una reducción de la recaudación sobre la renta, pero la izquierda no la aplicó porque las fuerzas que la pedían eran minoritarias. Una vez en el programa de Berlusconi, el recorte del Impuesto sobre la Renta de las Personas Físicas (IRPF) ha quedado también en el tintero, y no sólo por problemas de presupuesto: de hecho se desencadenó una guerra de vetos cruzados en la que Alleanza Nazionale (AN) y Unione dei Democratici Cristiani e di Centro (UDC)[6] han impugnado el proyecto de Berlusconi y Tremonti con argumentos no muy distintos de los de la izquierda.

En definitiva, resulta cada vez más evidente que el problema central para la Unión Europea es la resistencia de los gobiernos y las fuerzas políticas a aceptar los ritmos y los dictados impuestos a nuestra conveniencia por una necesidad de innovación que, sin solución de continuidad, reinventa contextualmente el ser y el hacer de las empresas, los modelos de negocio y las estrategias relacionadas. Y que, mientras tanto, remodela también profesionalidad, especializaciones, trabajos y papeles, y despedaza sin tregua —con lo que lo hace anticuado— todo lo que encuentra vuelto de espaldas a lo largo del camino de la «creatividad destructiva».

Precisamente esta gran velocidad de cambio de escenario es el factor que más pone en crisis a los europeos contemporáneos. Al solicitar permanentemente nuevos equilibrios sociales,

---

[6] Partidos de derecha *(nota del traductor).*

esta velocidad impone una apertura al cambio y una capacidad de adaptación que a la clase media europea, acostumbrada a admitir como normal el hecho de poder transmitir generacionalmente la propia tranquilidad adquirida, le cuesta desarrollar no poco. El hecho es que ya nadie puede garantizar las certezas típicas de las clase media. El resultado máximo que un sistema económico-social puede ofrecer, a una colectividad que se resigna a la ineluctable necesidad de tener que alinearse a los dictados requeridos por el nuevo contexto productivo global, es sólo el de garantizar pro témpore un buen crecimiento económico y un incremento constante del bienestar. Pero, obviamente, en condiciones mucho menos estables y ciertas respecto al pasado.

Si se comenten errores en las preferencias públicas sucesivas, o se permanece demasiado impermeable al cambio, el bienestar se va con la misma velocidad con que ha llegado. Los datos del Eurostat indican que entre 1999 y 2004 (por lo tanto antes de la ampliación) sólo cuatro economías supieron concretamente aumentar —tanto en volumen como en porcentaje— la riqueza individual producida (producto interior bruto per cápita)[7]: España, Finlandia, Irlanda y el Reino Unido. Las demás o se han quedado paradas o, como en el caso italiano, han registrado un retroceso. La Irlanda de hoy, aunque cueste creerlo vista la situación económica del país a principios de los años ochenta, puede presumir de tener el nivel de producto interior bruto por habitante más alto después de Luxemburgo, mientras que el Foro Económico Mundial ha confirmado que Finlandia es el Estado más competitivo del mundo por tercer año consecutivo (Porter, Schwab, López-Claros, 2005) y goza del nivel GERD (inversiones brutas en investigación y desarrollo) en porcentaje del producto interior bruto más alto de la

[7] La medición de la oficina europea de estadística hace referencia al producto interior bruto por habitante en términos de poder adquisitivo estándar.

zona euro, cercano al 3,5 por ciento (el estadounidense de 2003 era del 2,75 por ciento). Estos datos no son otra cosa que la fotografía de las preferencias —bien escogidas sólo por algunos Estados de la Unión Europea— de política pública y de los resultados obtenidos a través de tales decisiones al liberalizar los mercados y apoyar la investigación y la innovación. Los países europeos que se han impuesto objetivos de crecimiento del producto interior bruto, mediante la valorización del conocimiento especializado y aprovechando lo mejor posible los estímulos positivos de la competencia, han crecido efectivamente a pesar de los ataques terroristas a las Torres Gemelas de Nueva York y el ciclo económico negativo. Sin embargo, los sistemas que, como Italia, han seguido sin tener una verdadera estrategia de crecimiento digna del siglo XXI (por lo tanto, sin basarse fundamentalmente en inversiones en infraestructuras físicas y en traslados indiscriminados), han perdido terreno, capacidad de atraer talentos y capital y oportunidades empresariales.

La Europa de hoy, antes incluso que por los resultados de los referendos de Francia y Holanda sobre la Constitución europea, está en crisis porque no comparte un modelo de desarrollo. El famoso modelo europeo ya no existe, se ha desmoronado por la presión del comercio internacional y por la dificultad de garantizar su financiación. Han quedado dos Europas: una que ha sabido reformarse y crece —o no para— y sigue el paso del resto del mundo, y otra que está atrapada en el medio, si utilizamos la jerga estratégica de Michael Porter. Italia ha empezado a perder contacto con la cabeza del grupo en cuanto el camino se ha empinado. Ahora corre el serio riesgo de llegar incluso fuera de tiempo en la etapa reina. Entre 1996 y 2001 la contribución del sector de la tecnología de la información y comunicación italiano al crecimiento de la productividad del trabajo ha estado próxima a cero, con el valor más bajo entre los censados en la Organización para la Cooperación y el Desarrollo Económicos (OCDE). Y es bien sabido que el crecimiento de la productividad supone el verdadero factor competitivo de la economía sin fronteras de hoy. La cuota de inversiones en investigación y desarrollo sobre el total de la OCDE ha pasado del 2,7 por ciento en 1991 al 1,8 por ciento en 2002. A esto se añade el hecho de que hoy los sistemas, incluso los escandinavos —casi perfectos por lo que respecta al coeficiente de Gini[8], que mide los desequilibrios distributivos—, están, en cualquier caso, más polarizados en cuanto a redistribución de la renta o del valor incremental producido.

Para comprender por qué para los europeos este es un camino muy difícil de emprender, es suficiente con ver cuánto se ha registrado, en los últimos tres lustros, en el sector de la innovación industrial y productiva. Durante toda la década de los años noventa, la cantinela de los debates industriales de proveniencia francesa, vacíos de esperanza y llenos de impotencia, ha influido en la población europea. «¿Por qué no conseguimos tener nuestro propio Bill Gates?», preguntaban a los cuatro vientos los mosqueteros del capitalismo trasalpino. Desde entonces han pasado nada menos que tres lustros y el nuevo siglo ya se ha puesto en marcha sin que nada parezca cambiar en el Viejo Continente.

Si acaso se han añadido otras peticiones, dado que hoy franceses y europeos también deben preguntarse por qué no consiguen ni siquiera producir los Larry Page y Serge Brin, fundadores de Google. En definitiva, en París y en Berlín se nos puede todavía preguntar por qué la Unión Europea tiene tantas dificultades para seguir la trayectoria empresarial-innovadora que ha hecho de los Estados Unidos la única superpotencia del planeta, no sólo en el terreno militar, y el país más dinámico del mundo.

Para salir del laberinto de incomprensiones es necesario tomar conciencia de la realidad y aceptar que Europa no es

---

[8] El coeficiente de Gini, inventado por el estadístico italiano Corrado Gini, es una fórmula matemática para dilucidar el nivel de desigualdad económica de una sociedad: el resultado es un número entre 0 (igualdad máxima) y 1 (desigualdad máxima) *(nota del traductor)*.

América y que nuestro sistema industrial y productivo se mueve y reacciona siguiendo una trayectoria distinta a la estadounidense. La Unión Europea no tiene capital humano menos preparado o capaz que el americano, y ni siquiera menos ahorro disponible para financiar la innovación o menos infraestructuras para atraer a las empresas con profesionales del conocimiento. Sencillamente, Europa arriesga menos, lo que significa que desea soportar un riesgo colectivo menos acentuado que los estadounidenses. En consecuencia, a igualdad de patrimonio (que está hecho también de activos intangibles), los ciudadanos europeos tienden a arriesgar menos que los americanos. Es como si, en la frontera de las inversiones posibles, eligiéramos siempre una cartera con más obligaciones que acciones, y los estadounidenses sin embargo, se adeudaran para apostar por una cesta formada sólo por capital de riesgo.

En este contexto es inevitable que el Viejo Continente esté más falto de empresarios y registre menos iniciativas tecnológicas de éxito a escala global. Quien menos arriesga menos beneficios puede esperar por la volubilidad del mercado. Pero es asimismo obvio que Europa, sin empresas como eBay y Microsoft, no puede permanecer para siempre en una posición en la que crece menos de la mitad que los Estados Unidos. Y tampoco se puede permitir dejar sólo a pequeñas realidades geográficas de la propia región, como Irlanda o Finlandia, la tarea de tirar del carro de la innovación.

Donde la Unión Europea ha producido óptimos resultados en sectores avanzados de la industria, como Airbus, StMicroelectronics o en el sector aeroespacial, lo ha hecho partiendo de políticas «neocolbertianas». El presupuesto público financia un proyecto ambicioso y se queda en una posición residual con respecto a los riesgos de fracaso (papel que los operadores financieros europeos, también más contrarios al riesgo que los americanos, no desempeñarían), con lo que garantiza al proyecto la posibilidad de atraer talentos y técnicos de garantía. De esta manera, la iniciativa, desligada completamente de las injerencias distorsionadas de la política y colocada fuera de la estrategia competitiva, puede desaparecer sin el agobio generado por el «cortoplacismo» de los mercados financieros. Y, así, se sobrepasa también las pocas ganas de arriesgar de los europeos y su menor inclinación a hacer empresarios exportables en el sector de las producciones inmateriales.

Tomar conciencia del hecho de que tenemos que movernos en una trayectoria distinta de la americana no significa abdicar o abandonar: simplemente evitaría a los europeos debatir durante años sobre lo que no pueden ser o sobre lo que no pueden ni siquiera llegar a ser chasqueando los dedos y esforzándose en imitar lo que sucede al otro lado del océano. Como enseña el lenguaje de los neocons, encendidos y determinados partidarios electorales de la administración Bush, también en la innovación y en la tecnología estamos a años luz de los americanos. Basta con admitirlo y encontrar estrategias vencedoras para innovar según las potencialidades de los europeos y no de las de los americanos. Hay que tener siempre presente que, en cualquier caso, como hemos recordado anteriormente, en el campo de las tecnologías militares (aunque no sólo) también los americanos recurren bastante a los fondos públicos del Pentágono para financiar la investigación.

La Unión Europea de hoy tiene una necesidad extrema de crecimiento económico, de desarrollo fuerte y estable durante un periodo largo. En definitiva, un periodo récord como el registrado por Estados Unidos durante el gobierno de Clinton. Sólo así las decisiones que vienen de arriba pueden demostrar a los ciudadanos europeos, con hechos concretos, que los esfuerzos y las renuncias hechas para dar vida a la moneda única valían la pena. Por lo demás, los modelos que saben producir crecimiento económico son los únicos que sobreviven al paso del tiempo. La Europa de la ampliación continua ya no tiene excusas para evitar la prueba extrema requerida a la bondad de cada estrategia de éxito: ofrecer desarrollo y crecimiento junto a estabilidad. Sólo la estabilidad no es suficiente para un continente que ve desaparecer la flor y nata de su estructura social: la clase media, gracias a la cual se había convencido de que podía superar cualquier temporal de la historia.

Cuando, más adelante, se pasa a discutir sobre cómo favorecer el crecimiento, es indudable que la Unión Europea posee una capacidad extraordinaria, desconocida para los Estados Unidos, de producir documentos ambiciosos, libros blancos rebosantes de objetivos, pero denota igualmente una comprobada impotencia a la hora de implementarlos.

Europa, hoy, se muestra muy lenta en la toma de conciencia de que el contexto de referencia internacional está cambiando a gran velocidad. Para demostrarlo, es suficiente pararse a analizar lo que está ocurriendo entre las dos orillas del océano Pacífico. A finales de 2004, IBM, todavía uno de los principales colosos tecnológicos del mundo, decidió vender su división de ordenadores personales a la empresa china Lenovo. La noticia, hasta hace relativamente poco, habría formado parte del mundo de las hipótesis económicas, mientras que hoy representa un simple episodio de la geopolítica en la redistribución de la producción mundial en proceso desde hace tiempo entre las dos áreas más dinámicas del globo. Estados Unidos y China son los paradigmas de las dos economías que se desarrollan más rápidamente en el planeta. El producto interior bruto estadounidense, muy por encima del tres por ciento de crecimiento desde hace años, se mueve con una trayectoria que las otras economías avanzadas son incapaces de imitar. Estados Unidos es el país que crece más entre los del G7, demasiado por encima de la media aritmética de los países de la zona euro, impulsados por un modelo financiero que reclama a los productores innovación continua.

China, en lo alto de su crecimiento económico desde hace años cercano al ocho por ciento, se aleja de cualquier otra economía en vías de desarrollo por el papel internacional desempeñado y por la capacidad única y distintiva de producir cantidades inmensas de bienes de bajo coste, al servicio del mercado de masas mundial. La China contemporánea es la realidad industrial que necesitaba la sociedad de bajo coste para poderse sublimar, el factor esperado desde hace tiempo capaz de «destruir» la inflación para reorientar cuotas consistentes de la renta disponible de los consumidores acomodados. El golpe ideal y definitivo a la organización de la oferta pensada por la clase media.

Las trayectorias de desarrollo de China y Estados Unidos son, en cualquier caso, paralelas y están dirigidas a no cruzarse, al menos durante una o dos generaciones todavía: el tiempo necesario para que la potencia asiática pueda moverse a producciones más sofisticadas. Pero los intereses de los dos motores de la economía mundial son ya bastante opuestos. Lo atestigua, por ejemplo, la lucha por las fuentes de energía, con el intento (fallido) de la empresa china Cnooc de conquistar Unocal, un grupo petrolífero californiano que al final se ha visto absorbido por Chevron; o como se puede observar en el mercado de cambio. China se ha negado durante mucho tiempo a revalorizar el yuan, su moneda, porque le interesa ganar lo más rápidamente posible cuotas de mercado en el extranjero después de su entrada en la OMC (Organización Mundial del Comercio). Los Estados Unidos, sin embargo, han estado siempre menos dispuestos a hacer crecer el déficit comercial y a dejarse invadir demasiado rápido por productos chinos, menos caros que los nacionales hasta en un setenta por ciento. Las presiones de Washington para que revalorizase el yuan han obligado a Pekín, al final, a modificar su política monetaria; ya no existe el cambio fijo, aunque hasta ahora las correcciones han sido milimétricas, casi simbólicas.

En este escenario Europa se coloca hoy en una posición de simple captador de precios: se encuentra, pues, obligada a adecuarse a los efectos de políticas de la oferta y de dinámicas de la demanda formadas en otra parte. Son los intereses chinos y estadounidenses los que marcan los precios de casi todo lo que se intercambia en el mundo: desde materias primas hasta divisas, desde bienes duraderos hasta el precio del dinero. Incluso el valor de referencia del conocimiento especializado cada vez está más impuesto por la demanda no europea. El mercado más grande del mundo, no sólo sobre el papel y para las estadísticas, está obligado a asistir sin mucha voz a una contienda que entra en las cuentas económicas de las propias multinacionales.

La economía europea pasa por dificultades porque desde hace mucho tiempo ya no consigue sostener los ritmos de crecimiento (al menos el tres por ciento anual) indispensables para mantener las nuevas necesidades de los consumidores contemporáneos, desde la banda ancha a la cirugía plástica. Y todo esto ha sucedido porque sus grandes empresas pierden beneficios en favor de los productos chinos en la franja más baja de la gama y se encuentran con que tienen que gestionar el dilema entre precios bajos o menos cuotas de mercado en los Estados Unidos, principal centro de consumo del mundo. Es como si la capacidad productiva del Viejo Continente se redujera contextualmente por la acción de dos fuerzas distintas: la rápida penetración de mercancías rebajadas chinas y la recuperada competitividad de las estadounidenses mantenidas por una mayor innovación en la oferta. Es difícil creer que las cuentas económicas de las empresas europeas puedan ser tan flexibles como para adaptarse sin perjuicios a la acción de ambas fuerzas. Obviamente, se está hablando de sectores abiertos a la competencia internacional y no de empresas que conceden servicios nacionales protegidos.

Europa no se puede permitir una asistencia pasiva al enfrentamiento económico chino-norteamericano. Los países de la zona euro tienen que saber ofrecer una estrategia común que vaya más allá de los límites de Maastricht, porque hoy el escenario es profundamente distinto del de principios de los años noventa.

Si, desde la caída del muro de Berlín, la Unión Europea camina a duras penas en el terreno del crecimiento económico, muchas cosas se explican con la mayor rigidez de su contrato social y con la menor capacidad de los gobernantes para desarrollar políticas capaces de evolucionar y ajustar las reglas de este contrato. El continente goza ahora de márgenes de acción y de recursos a los que recurrir, dada su consistente dotación de patrimonio, incluso intelectual y cultural.

Es irrefutable el hecho de que el análisis de la crisis europea evidencia sin medias tintas y con perfil cristalino que el fin de la clase media coincide con la crisis del Estado fiscal, es decir, del instrumento pensado para ejecutar el modelo de sociedad del bienestar. La máquina redistributiva pública y la de la recaudación que la nutre sufren dos crisis de legitimación contextuales, aunque distintas: por un lado, ya no existe un recurso de referencia —la base imponible estable, oferta segura y consistente de la clase media— que se pueda utilizar como fuente principal de financiación del bienestar; por otro, la sociedad de bajo coste percibe de manera original la utilidad social de las tradicionales estructuras y servicios públicos. Y esto es así porque la disponibilidad para secundar políticas fiscales muy recaudatorias es exactamente lo opuesto a la actitud mental de esta nueva clase de masas que también pretende de los organismos públicos la producción de servicios con costes cada vez más bajos.

La clase de masas, de hecho, aprenderá a replicar muy pronto sus hábitos de compra incluso en el caso de la oferta de servicios personales. Así, provocará la principal revolución en la agenda política desde la época de la crisis de entreguerras y elaborará las bases de un sistema de servicios públicos de bajo coste y de una reorganización de la recaudación fiscal. En algunas partes del mundo esto ya está sucediendo, como muestran las más recientes políticas estadounidenses, australianas y neozelandesas. Otros países, como China, parecen preparados para ir en la misma dirección. Otro aspecto de la tenaza que comprime a Europa.

En este contexto se reconducen e interpretan los efectos de la innovación técnica en el funcionamiento y en los equilibrios sociales. En las ultimas décadas, el fenómeno revolucionario más auténtico en favor de los consumidores-ciudadanos lo ha producido el conjunto de innovaciones que se han registrado en el universo de las tecnologías de la información y la comunicación. Nunca se había garantizado tanto bienestar a los consumidores —y no sólo a la clase con mayor poder de compra— a través de un flujo constante y secuencial de innovaciones revolucionarias que habilitan la adopción de modelos de negocios originales y de bajo coste. Ryanair, Ikea, Wal-Mart no existen y producen valor porque dispongan de tecnologías únicas y exclusivas, pero es indudable que han podido implementar estrategias originales gracias a la presencia de infraestructuras tecnológicas originales.

Para ser de bajo coste, una empresa tiene que pensarse como tal y, por lo tanto, programar de manera completamente original su propio modo de ser: desde las compras hasta las ventas, desde la gestión del personal hasta la informática todo es o debe ser muy innovador. Pero es asimismo verdad que, sin las nuevas funcionalidades tecnológicas, habría sido imposible vender billetes en línea, gestionar una tienda en tiempo real o llevar una producción continua todo el año viajando por el mundo. Las empresas de bajo coste existen y prosperan porque la gestión de la información cuesta cero, o casi.

Se trata de un fenómeno original coproducido por la tecnología que no limitará sólo sus efectos a la dimensión del negocio privado. Al contrario. Si se intenta hacer una lectura conjunta del efecto sobre la sociedad de las ofertas de bajo coste y de la menor disponibilidad de los contribuyentes a pagar impuestos altos (en Europa del Este, por ejemplo, Rumanía acaba de introducir un impuesto fijo del dieciséis por ciento, y lo mismo habían hecho antes Estonia, Eslovaquia, Rusia, Ucrania, Polonia, Letonia y Lituania: en ningún caso la recaudación supera el veintiséis por ciento), se comprende por qué el escenario del estado del bienestar europeo está destinado a desestructurarse en profundidad pronto[9].

---

[9] Después de su introducción en los países del este europeo, el impuesto fijo también ha sido objeto de debate en Italia (Amato, 2005).

No parece un ejercicio de locura visionaria imaginar que en pocos años tomará forma un bienestar de bajo coste, es decir, un sistema de protección social del que los ciudadanos esperarán servicios a costes menores gracias al empleo óptimo y difuso de las nuevas tecnologías y de modelos de producción y abastecimiento originales. En el escenario que llega del bienestar de bajo coste, los servicios se repensarán para que sean los básicos y esenciales y para que los usuarios los valoren y comprendan mejor.

También los consumidores del Viejo Continente se han acostumbrado ya a comprar servicios y bienes a precios reducidos en comparación con los de hace pocos años. No habrá que esperar para que estos consumidores empiecen a reclamar una mejora equivalente del sector público. Y el hecho de que la administración pública actúe en régimen de monopolio de la oferta no bastará para cambiar la música de la partitura. Cuando después, dentro de no mucho, los europeos empiecen a ajustar cuentas con el bienestar de bajo coste chino de raíz poscomunista —que dejará cientos de millones de individuos con servicios esenciales para poder dotar también a China de una elevada competencia fiscal, quizá de un impuesto fijo al quince por ciento, con la intención de favorecer el consumo, las inversiones y el crecimiento económico—, entonces podría ser demasiado tarde para que la Unión Europea reaccione. Porque el bienestar de bajo coste se ha asentado en Estados Unidos, pero podría consagrarse por las ambiciones hegemónicas y de liderazgo económico de China.

Para la vieja Europa quizá la situación no haya sido nunca tan compleja desde los tiempos de las primeras revueltas obreras producidas por la industrialización. Entonces, la discusión se centraba en la titularidad del derecho de propiedad, privada y difundida o del Estado, y en los derechos esenciales que hay que reconocer a los ciudadanos en el nuevo contrato.

Hoy Europa debe, sin embargo, decidir qué conservar, y cómo hacerlo, de su modelo social en el nuevo escenario global, salvando los valores esenciales de su sistema de garantías y eliminando las «comidas gratis» representadas por las áreas de privilegio que la sociedad de bajo coste ya no está dispuesta a financiar.

Capítulo IX. La apuesta estadounidense. El desafío temerario de Bush y el ojo del huracán

Las cifras son menos graves en comparación con las de Europa (porque Estados Unidos es un país más joven y con un sistema asistencial mejor financiado), pero la ecuación de la transformación y del reequilibrio a largo plazo de las pensiones estadounidenses es más compleja que la que tienen los gobiernos del Viejo Continente. Durante años, al observar el desastre de las cuentas del Instituto Nacional de la Seguridad Social y de los entes asistenciales del Estado, hemos suspirado pensando en el edén estadounidense: un sólido sistema privado de capitalización, en buena parte gestionado por las empresas a cuenta de sus empleados y construido para integrar la asistencia pública básica, menos generosa que la nuestra pero en activo a pesar de todo.

De Estados Unidos, sin embargo, nos ha dado siempre miedo la sanidad privada —cuarenta y cinco millones de ciudadanos sin asistencia y la (falsa) creencia de que si te atropella un coche no vendrá ninguna ambulancia si no tienes en el bolsillo una tarjeta de crédito o una póliza de seguros— y el reducido nivel de asistencia social (sobre todo la falta de un subsidio de desempleo para quien pierde el trabajo).

En realidad, el sistema, ciertamente más «cuadrado» que el europeo, es menos despiadado de lo que parece y ha permitido hasta ahora a las empresas flexibilidad y competitividad a pesar de los altos sueldos. Antes las empresas tenían que mantener costes sanitarios contenidos mientras las contribuciones asistenciales se limitaban al doce por ciento del salario, la mitad a cargo del trabajador.

Ante el problema de hacer más eficiente el bienestar, que en muchos países europeos se ha vuelto demasiado gravoso, el modelo americano ofrece, sin embargo, limitadas ocasiones de inspiración: el elemento más interesante es quizá un sistema de tutela de los parados cuyo punto central sea la formación y la «reformación» profesional en vez de la simple ayuda. Pero aquí tampoco faltan los problemas: incluso la reforma de la asistencia pública, presentada en 1996 por Bill Clinton —el único y verdadero punto de referencia desde hace quince años de la izquierda europea—, está teniendo costes sociales superiores a los que se habían previsto. Al final de su primera legislatura, el presiente demócrata había impuesto una revisión de las ayudas a pobres y parados, y afirmó que los tiempos del «gran gobierno» se habían acabado. Una administración progresista pero también moderna tenía el deber de tutelar los equilibrios de las finanzas públicas diseñando un nuevo sistema de protección basado más en incentivos al reingreso en el mercado de trabajo que en la simple ayuda.

A finales de septiembre de 2005, la Brookings Institution, el centro de estudios de inspiración demócrata más autorizado, anunció la finalización del programa de monitorización de la reforma instituido nueve años antes, y su sustitución por un programa de investigación más amplio sobre la difusión de la pobreza en las familias. Una decisión motivada precisamente por los efectos de la reforma de 1996 que, según la Brookings, ha hecho bajar el número de personas que confiaban su supervivencia a los elementos del bienestar —ha llevado, por ejemplo, a muchas madres al mercado de trabajo—, pero no ha conseguido reducir la áreas de pobreza: quien confiaba en que un empleo fuera un pasaporte para una mejora de las condiciones de vida a menudo comprendía que derribar el muro de la indigencia puede ser una tarea prohibitiva incluso para un trabajador a jornada completa. Es el fenómeno de los llamados *«working poor»* («trabajadores pobres») estudiado en Estados Unidos a partir de los años sesenta, pero sobre el que se ha abierto un verdadero debate sólo después de la publicación, a principios de 2004, de un ensayo de David Shipler que contiene una auténtica radiografía del fenómeno (Shipler, 2004).

«La reforma de 1996 podría revelarse como una victoria pírrica», denuncia la Brookings, y la afirmación no viene, ciertamente, de una fuente hostil a la administración Clinton: el juicio es de la vicepresidenta Isabel Sawhill, que dirige el Centro para la Infancia y la Familia junto con Ron Haskins, miembro del reducido equipo que en 1996 materialmente escribió el texto de la ley de reforma.

Si de las ayudas vamos a las pensiones, vemos que el modelo estadounidense —que acerca uno o dos apoyos privados al público— en principio es seguramente más válido que el europeo. Y, sin embargo, aquí también hay mucho que revisar, porque la crisis de los mercados bursátiles, años de tasas de interés negativas (inferiores a la inflación) y, por lo tanto, de bajo rendimiento financiero, y la irresponsabilidad de algunos gestores de fondos de inversión han hecho insostenible el sistema de asistencia privada a cargo de la empresa (como se explicó en el capítulo sexto).

George Bush ha afrontado esta compleja realidad aplicando un esquema ideológico poco sensible a las dimensiones reales de los problemas y lleno de contradicciones: ha dramatizado un déficit del sistema de pensiones que se materializará en 2040 y que nunca superará, como volumen, el uno por ciento de la renta nacional, al tiempo que ha ignorado completamente el problema bastante más grave del déficit de los sistemas sanitarios públicos. Es más, lo ha agravado. Medicaid, el sistema reservado a los pobres, y Medicare, la «mutua» para los mayores de sesenta y cinco años, representan una gran carga para el contribuyente estadounidense. Pero las dimensiones del «agujero» se multiplicarán a partir de 2010 precisamente a causa de una reforma del Medicare, impuesta por Bush y votada por el Congreso en 2003, que extiende las prestaciones, hasta ese momento limitadas a visitas médicas e ingresos, también a la compra de medicamentos.

En el verano de 2005 los huracanes Katrina y Rita, además de Luisiana, Tejas, Misisipí y Alabama, han devastado también la política económica de Bush, lo que le obligó a cambiar sus prioridades e imponer una ulterior dilatación del gasto público, que ya había alcanzado niveles récord por los costes de la guerra de Iraq y las nuevas obligaciones en materia sanitaria de las que acabamos de hablar. El presidente también ha puesto de su parte, pues prometió la reconstrucción de Nueva Orleans, pero también un amplio programa de actuaciones económico-sociales con el objetivo de eliminar «la pobreza, las desigualdades y el racismo» en el sur de Estados Unidos. Obligaciones que han hecho sonreír a los observadores por su inconsistencia, y han suscitado reacciones irónicas entre los demócratas, pero que han hecho enfurecer a los conservadores más atentos al gasto: gente que ha mantenido a Bush pensando que sería un leal intérprete de su filosofía tradicional, la del «gobierno mínimo», y, sin embargo, se encuentra ante un presupuesto público que sigue ampliándose más allá de cualquier previsión.

Incluso con todas sus contradicciones y sus muchas lagunas, Bush —o Franklin Delano Bush, como socarronamente lo han apodado los neoconservadores del Cato Institute, con evidente referencia a las grandes (y costosas) reformas realizadas por Roosevelt en los años treinta— ha intentado introducir en su política económica también elementos capaces de tranquilizar a los más rigurosos: por lo tanto, sí a la ampliación de la esfera de intervención del Estado (por lo demás, el presidente ya había expresado sus reservas sobre el «gobierno mínimo» en un discurso pronunciado en 1999, antes de vencer a Al Gore y establecerse en la Casa Blanca), pero también responsabilidad del ciudadano, al que se le pide que recurra al sector privado para la cobertura asistencial y los servicios sanitarios y educativos, con la posibilidad de comprar un bono del Estado.

El aumento del bienestar de los ciudadanos, en la estrategia de Bush, debía depender sobre todo del amplio programa de recortes fiscales que, por un lado, habría aumentado la renta a disposición de los contribuyentes y, por otro, habría favorecido un crecimiento de las actividades productivas y por lo tanto un aumento de la renta producida.

Tampoco aquí, como es bien sabido, faltan desequilibrios y contradicciones: la renta efectivamente ha crecido, pero con una distribución muy desigual, dado que, entre otras cosas, las desgravaciones fiscales han beneficiado casi exclusivamente a las clases más acaudaladas. Y, mientras tanto, la incapacidad para compensar la menor entrada fiscal con cortes en el gasto de la misma naturaleza ha engordado la posición deudora de Estados Unidos, haciendo el país más vulnerable frente a sus acreedores, China y Japón en primer lugar.

Las enormes dificultades encontradas en la reforma de las pensiones, antes incluso de que se desencadenaran los huracanes, obligó a Bush a varios cambios de ruta para intentar convencer a una opinión pública reacia: durante dos meses, a principios de 2005, el presidente americano se empeñó en explicar personalmente en cada ciudad y en cada plaza que su reforma de las pensiones era necesaria para evitar un crac no inminente, pero ya «anunciado». En abril de 2005, sin embargo —al final de esta «gira de la persuasión»—, los sondeos indicaban que dos tercios de los americanos eran contrarios a su proyecto de reforma asistencial y que la popularidad de Bush había caído al nivel más bajo en un presidente apenas reelegido. El inquilino de la Casa Blanca corrigió en ese momento el tiro: demostró querer concentrarse sobre todo en el saneamiento de las cuentas de la Social Security existente (haciendo progresivamente menos generoso el cálculo de la retribución para pensiones). Después llegaron los huracanes a complicar un poco más la situación. Pero la filosofía de fondo de Bush no ha cambiado en absoluto.

Por lo demás, la transformación del bienestar y de la Social Security son una obsesión de Bush desde que era gobernador de Tejas. Es más, incluso antes. En el verano de 1978, durante la campaña electoral para la conquista (entonces fallida) de un escaño en la Cámara de Representantes de Tejas, Bush júnior dio un mitin en el Midland Country Club. El relato, publicado el día siguiente por el periódico local, hablaba de un jovencísimo candidato que había arruinado la cena de los comensales con lúgubres previsiones:

> Si no hacemos algo, la *Social Security* estallará dentro de diez años; para no salir damnificados tenemos que consentir que la gente invierta su ahorro asistencial de la manera que prefiera.

La misma previsión y la misma receta en 2005. Veinte años después de aquel mitin, ya como gobernador de Tejas, Bush estudió bastante los sistemas de pensiones por capitalización basados en fondos individuales (invitó varias veces a su residencia a José Pineira, el arquitecto de la reforma asistencial chilena), pero nunca consiguió cambiar la legislación del estado.

Todo esto ayuda a comprender por qué Bush tuvo durante muchos años el sueño de pasar a la historia como el hombre que canceló el sistema asistencial introducido en los años treinta por Roosevelt como equivalente social del *New Deal* económico, al sustituir la versión americana del bienestar por la que él llama la *«ownership society»* («la sociedad de la propiedad individual»). Es decir, una sociedad en la que los ciudadanos son propietarios, no sólo de su alojamiento, su coche, su ahorro financiero, sino también de pólizas de seguros que garantizan cierto nivel de atención sanitaria y una renta para los años de jubilación. Un proyecto muy ideológico, pero no sin sentido: en una época de tumultuoso crecimiento en Asia y de paralización en Europa, Estados Unidos consigue aún mantener buenas tasas de desarrollo, pero está claro que un fuerte crecimiento de la renta, como la registrada en los años cincuenta y sesenta, ya no es posible. Y como también las dimensiones de la rentabilidad financiera se han reducido, no queda más remedio que quitarle importancia a una renta anual que tiende a estancarse en el patrimonio acumulado por las familias en las décadas de *boom* económico, sobre todo con inmuebles cuyo valor ha crecido con rapidez.

Nuestros padres —que han vivido las destrucciones de la guerra— no tenían un gran patrimonio, pero en general han desarrollado trabajos que les han garantizado unos sueldos que crecieron rápidamente. Nuestros hijos probablemente tendrán más dificultad en encontrar trabajos bien remunerados —sobre todo a causa de la competencia despiadada de los países emergentes, que se está expandiendo de la industria al área de los servicios— pero heredarán un gran patrimonio, para empezar, primeras y segundas casas.

En Estados Unidos hoy esta riqueza patrimonial es ya una reserva que alimenta la demanda y, por lo tanto, el crecimiento económico a través del mecanismo de refinanciación de los créditos inmobiliarios. Un sistema no falto de riesgos (los ligados al elevado endeudamiento medio de las familias estadounidenses) y que acentúa los desequilibrios (sobre todo el enorme déficit comercial de los Estados Unidos).

Los economistas están divididos: algunos mantienen que en la economía «inmaterial» del siglo XXI el crecimiento puede confiarse a mecanismos de este tipo, otros temen que simplemente se esté construyendo un enorme castillo de naipes. En el plano político es, sin embargo, comprensible que una clase dirigente, que necesita consenso para gobernar, busque, en un periodo de vacas flacas, valorizar lo existente.

Pero más incluso que este «efecto riqueza», el objetivo central de George Bush parecía ser el —completamente ideológico— de construir un «hombre nuevo» al que ya no cuida el Estado desde la cuna a la tumba con una política asistencial y de ayudas públicas, sino que —propietario y gestor de sus pólizas de seguros— se hace dueño de su destino: cada uno decide cuánto quiere destinar de su renta a necesidades inmediatas, cuánto quiere poner aparte para la pensión y qué tipo de póliza quiere financiar.

Al europeo acostumbrado a disponer, además de pensión, también de sanidad pública para toda la vida, Estados Unidos le parece ya hoy una jungla de liberalismo social. Pero a Bush no le importa nada la «blanda» Europa. Si acaso, prefiere la Europa «nueva» de las repúblicas ex comunistas reconvertidas del «Estado niñera» a un librecambio más o menos salvaje, basado en poquísimos impuestos y poquísimo bienestar.

Estados Unidos es otra cosa: la ideología de los *«think tank»*[10] conservadores, en los que el presidente republicano se ha inspirado hasta ahora, está basada en el ciudadano-pionero: el que en el tercer milenio reivindica la libertad de armarse como en la era de la conquista del Oeste americano y que sigue impregnado —como en los tiempos de los Padres fundadores— de un cristianismo rígido y pragmático, que se fija poco en la doctrina, como demuestra el hecho de que grandes masas de católicos están a favor de la pena de muerte.

Bush quiere garantizar a este modelo de ciudadano una extensión de la libertad a veces discutible: libre de impuestos (los ha bajado más que ningún otro, pero no pasará a la historia por esto, porque en el imaginario colectivo la bandera de liberarse del fisco excesivo es la que ondeó Ronald Reagan en los años ochenta), libre de vínculos y reglas de tutela del ambiente. Y, ahora, libre para ser hormiga (vivir austeramente y ahorrar mucho para la jubilación y para garantizarse una asistencia sanitaria «blindada») o cigarra (gastar gran parte de la renta, construirse una pensión mínima y «apostar» por la solidez de la propia salud).

¿Y para las clases más débiles, que no pueden ser propietarias de nada? ¿Y para las cigarras que luego se encuentran de repente con graves problemas económicos y de salud?

---

[10] «Depósito de ideas»: grupo de personas que trabajan para generar ideas sobre determinados temas, sobre todo políticos. Algunos gobiernos los utilizan para confeccionar sus programas *(nota del traductor)*.

Las redes de seguridad nunca han sido demasiado populares en un país acostumbrado a los propios méritos y a la responsabilidad (el que se equivoca paga), en el que el colectivo debe garantizar al individuo igualdad de oportunidades, no de resultados. Sobre este tejido Bush ha confeccionado su visión con un «conservadurismo compasivo»: la ya limitada red de seguridad social garantizada por el Estado a pobres y parados se reduce posteriormente, pero al lado surge un sistema de asistencia «privado», gestionado por organizaciones «caritativas», fundamentalmente de inspiración religiosa, mantenidas por el gobierno federal con financiaciones directas y con reducciones fiscales.

Es la *«Faith Based Initiative»* («iniciativa basada en la fe»), teorizada por Bush en su primer programa electoral de 2000, instituida en 2001, inmediatamente después de su llegada a la Casa Blanca y puesta en funcionamiento en los años sucesivos con dificultad y entre muchas polémicas. John Di Iulio, el primer responsable de la iniciativa —una especie de agencia que depende directamente del presidente— ha dejado el cargo después de nueve meses manteniendo que ha visto en la Casa Blanca poca «compasión» por las necesidades de los pobres, pocas financiaciones y muchos cálculos políticos. Su sucesor, James Towey —ex asistente legal de la Madre Teresa de Calcuta, que conquistó a George y Laura Bush al llevarles como regalo un rosario bendecido por la misionera— intentó colocar las iniciativas sobre bases más sólidas. Las polémicas sobre su posible uso con fines electorales no cesaron: antes de las elecciones presidenciales de noviembre de 2004, muchos pastores y párrocos de las iglesias que tuvieron financiación de Bush pasaron del frente demócrata al republicano.

Muchos se preguntan ahora por el nuevo giro de Bush: ¿la intervención «antipobreza» prometida por el presidente después de los huracanes —una intervención concebida y financiada por el Estado— es una renuncia implícita al modelo «compasivo» que responsabiliza a los privados? Los más alarmados son, precisamente, los intelectuales que desde hace cinco años pueblan las oficinas de la Casa Blanca. Incluso el American Enterprise Institute (AEI), puente de mando del movimiento neocon, ha perdido la paciencia: «Los republicanos que ahora descubren la pobreza y prometen que el gobierno resolverá el problema son incapaces de enfrentarse con la realidad», escribió Charles Murray en el *Wall Street Journal*.

Apartado de momento el «efecto Katrina», hay que decir que, si el modelo social propuesto en los últimos años por Bush presenta un gran número de inconvenientes y puede acentuar a posteriori las desigualdades entre las clases (incluso para una política fiscal que premia a quien trabaja para conseguir más riqueza), los demócratas no han sido capaces hasta ahora de construir un modelo alternativo creíble.

En los años noventa, el intento de Bill y Hillary Clinton de reformar la sanidad, acercándose al modelo «universal» adoptado por la mayoría de los países europeos, fracasó completamente. Y, antes incluso que Bush, fue el propio Clinton, como ya hemos anotado con anterioridad, quien declaró durante la campaña por la reelección en 1996 que «el estado del bienestar, tal como lo conocemos hoy, ha acabado». Pero después los demócratas no han sabido desarrollar un nuevo modelo de bienestar «ligero». El programa electoral presentado por John Kerry en 2004 preveía un fuerte aumento del gasto sanitario (con todos los tratamientos más costosos a cargo del Estado) mientras que con la asistencia social no se había ido mucho más lejos que el eslogan: «Las pensiones no se tocan».

En cuanto a la idea más controvertida —la de asistir a los pobres, los inválidos, los jóvenes de las periferias urbanas más degradadas, no a través del Estado sino confiando una función pública externalizada a organizaciones religiosas—, a las críticas de los demócratas ha respondido, antes que Bush, precisamente Hillary Clinton, que ha reivindicado que fue su marido el primero en introducir la «iniciativa basada en la fe». «La idea es nuestra, Bush está utilizando la ley que Bill Clinton hizo aprobar en el Congreso en 1997». Entre los demócratas, la campaña electoral para el 2008 ya ha empezado.

Capítulo X. Italia entre declive y nueva anomia. En busca de una brújula en el universo «desclasificado»

Para medir la importancia del papel desarrollado hasta aquí por la clase media es necesario analizar la contribución que ha hecho al desarrollo de la sociedad y al crecimiento económico. Durante los largos siglos de la economía material la clase del medio tenía, como se ha dicho, tanto un papel contrarrevolucionario y de balance de las acometidas de la clase obrera, como una función de correa de transmisión de la llamada ley Say, según la cual la oferta crea siempre su propia demanda. En este contexto la clase media representaba el motor más potente de los utilizados por la colectividad para realizar y sostener el crecimiento económico. Así, esta clase representaba al actor protagonista, el propulsor del desarrollo. Era el *milieu* en el que se concentraban las grandes profesionalidades y capacidades indispensables para alejar a la humanidad de los riesgos de la temporalidad agrícola y conducirla a la dimensión del bienestar y de la tranquilidad material. Así, junto al crecimiento del producto interior de cada nación en vías de industrialización, crecía también la dimensión numérica de los miembros de la clase media. Profesionales liberales, intelectuales, dirigentes industriales, comerciantes y artesanos especializados, formadores y educadores, empresarios, representan sólo alguna de las figuras productivas de este agregado social que conquistan papel y espacio de acción en el periodo de la industria material.

En este escenario la clase media se movía como pez en el agua, tan a gusto se encontraba en un ambiente de normas y reglas sociales claro y consolidado. Además, la mayoría de tales leyes se había adoptado por iniciativa o gracias a la contribución determinante de la clase media. No sufría, por lo tanto, de anomia, el efecto de desorientación y pérdida de identidad social descrito por Émile Durkheim y referido a la clase obrera que, a caballo entre el siglo XIX y el XX, había padecido una unilateral y radical transformación de las condiciones de trabajo y de las mismas reglas de vida. Este equilibrio se ha movido, sin excesivos cambios, por buena parte de las largas décadas de la industrialización. Y se ha mantenido ante la llegada de lo que en los años sesenta el sociólogo estadounidense Daniel Bell llamó sociedad posindustrial: una sociedad en la que una parte importante de la producción de renta en los países avanzados se hace reconducible al archipiélago de actividad que precisamente entonces fue bautizado como sector terciario.

Este enésimo cambio en las modalidades de producción implicaba menos efectos directos y colaterales, menor discontinuidad y necesidad de adaptación respecto a lo que se comprobaba en otras clases sociales. Más rica de cultura y de saber, incluso especializado, más patrimonializada y por lo tanto con notables recursos que invertir para seguir siendo competitiva, más segura de sus propios medios y más preparada para interpretar el cambio, la clase media apareció así, naturalmente, como la gran protagonista colectiva del siglo XX.

Cuando, en un momento determinado de la historia, el cambio se pone de nuevo en marcha en la dirección descrita en los capítulos precedentes, por primera vez el bloque fundador y central de las sociedades avanzadas se encuentra con que tiene que afrontar una situación de desorientación con respecto a las características originales. Progresivamente se ignoran las certezas y las reglas que durante décadas habían englobado el ser y el proceder de la clase media; esas mismas normas que le habían asignado y reconocido el papel, tranquilo y seguro, de correa de transmisión del desarrollo económico y del progreso técnico. Una nueva forma de anomia, distinta de la que conoció el proletariado durante la fase de industrialización, irrumpe en escena y provoca la pérdida de seguridades y de certezas adquiridas desde hacía muchos años.

Es un paso fundamental para comprender a fondo la relación entre crecimiento y nuevo contexto social. Las sociedades o los sistemas que más y mejor que otros han sabido analizar la anomia de la clase media para gobernarla con adecuadas políticas públicas son también los que hoy crecen más y afrontan con menor esfuerzo los desafíos contemporáneos.

Estamos frente a tres distintos tipos de sociedad post clase media, tres modelos que se han asignado tres distintas modalidades de acción para localizar nuevas reglas de gobierno de la colectividad:

a) la sociedad americana, que ha hecho de la movilidad social potencial (y también real, hasta un pasado reciente) el factor central para redefinir las reglas de conducta y capacidad colectiva en un ámbito caracterizado por una importante polarización de las rentas y de los patrimonios;

b) las sociedades del estado del bienestar innovador, como las escandinavas, en las que se ha puesto como objetivo la máxima valorización del binomio compuesto por una alta calidad de los servicios públicos (para garantizar cohesiones sociales) y formas de flexibilidad del mercado de trabajo, en un ámbito de sociedades con rentas bastante «estandarizadas» con reducido peso de las riquezas extremas y de las situaciones de indigencia;

c) las emergentes sociedades asiáticas, como Singapur, Taiwán y, de alguna manera, también China, caracterizadas por una elite de «mandarines» del poder, incluso económico, superpuesta a una clase «unificada y conforme», donde las reglas se imponen desde arriba respetando la tradición y con el objetivo de responder a estímulos que vienen de la realidad contingente.

En los tres contextos, la clase media ya no existe. En los tres casos el desarrollo económico es fuerte y el sentido de desorientación, producto de la superación de las viejas reglas productivas, se elimina por medio del nacimiento de nuevas normas comunes. Un estímulo proveniente del exterior —la superación de viejos mecanismos de producción y distribución de la riqueza— encuentra soluciones en el cambio de los equilibrios internos de la sociedad.

Con una consecuencia importante para quien haga de *«policy maker»* («creador de políticas») en el siglo XXI: hoy los sistemas productivos que siguen prisioneros de las reglas y de las costumbres del pasado están destinados a perder competitividad y capacidad de crecimiento. Quedan condenados al declive.

El caso italiano, analizado desde esta perspectiva, resulta revelador por su peculiaridad. En Italia, desde hace ya mucho tiempo, incluso al cambiar de coaliciones de gobierno y leyes electorales, hay casi una total incapacidad del sistema y de la comunidad para encontrar nuevas reglas capaces de interpretar el nuevo contexto. La anorexia en la creación de empresas de éxito —todavía hoy las primeras tres sociedades por capitalización en bolsa son Eni (gas y petróleo), Telecom Italia (telecomunicaciones) y Enel (energía eléctrica), es decir, los monopolios públicos naturales de las innovaciones de finales del siglo XIX— y la incapacidad de crear nuevas empresas tecnológicamente innovadoras muestran una Italia quieta, bloqueada en la estrategia de juego por las reglas de hace alguna década.

Así se explica también por qué, en ausencia de un diseño estratégico más general, capaz de gestionar la complejidad y de dar respuestas a la desorientación, las privatizaciones han servido sólo para hacer caja y quizá para romper viejos mecanismos, en general nutridos por la ineficiencia y el clientelismo, que, en vez de producir riqueza la destruían. Pero no han conseguido ni siquiera dar alas al crecimiento económico. Italia y Alemania, que no han privatizado casi nada, están ambos bloqueados en el crecimiento, porque ambos son incapaces de tomar nota del nuevo contexto y de archivar las normas sociales elaboradas y válidas para el siglo XX.

En un ensayo-panfleto publicado en otoño de 2005, Giulio Tremonti (Tremonti, 2005) condena la política europea de apertura sin condiciones de los mercados, juzga a China no como una oportunidad sino como un peligro para Occidente, y considera desastrosa la política seguida por la Organización Mundial del Comercio (OMC). Análisis y juicios que comparte también el frente moderado al que pertenecen muchos seguidores del libre mercado, que se ven «liquidados» por el Ministro de Hacienda de Berlusconi como «mercadistas» hijos del «pensamiento único» que «ha producido un nuevo tipo ideal de hombre-consumidor: el hombre de talla única». Como siempre la *impetuosa* polémica de Tremonti suscita el debate, pero en su trabajo no faltan anotaciones que pueden ofrecer motivos de reflexión para todos. Por ejemplo, la consideración de que en la historia de la humanidad el crecimiento económico no ha sido la regla sino la excepción: «Sólo en las últimas décadas» la curva «ha ido demasiado arriba». Si esta curva vuelve hacia abajo, o asciende sólo en Asia, el sistema de protección social, construido sobre el presupuesto de un crecimiento continuo y prolongado, ya no se mantendría.

Vuelve, pues, la importancia del problema del crecimiento, cuya receta parece haberse perdido en Italia: no sólo no se consigue relanzar la economía, sino que no se consigue ni siquiera capitalizar los recursos empresariales de éxito que se han sabido crear en los últimos veinte años. Las terapias posibles van desde una reducción de impuestos a las empresas hasta una mejor circulación y remuneración de los factores productivos, sobre todo con el fin de atraer inversiones y talentos creativos extranjeros.

Pero Larry Ellison, fundador de Oracle, el segundo productor de *software* del mundo, un empresario con un patrimonio personal de dieciocho mil cuatrocientos millones de dólares, en una sincera entrevista al *Corriere della sera,* ofrece un impetuoso análisis de las razones que obligan a las grandes empresas innovadoras a mantenerse lejos de países anquilosados como Italia y Francia:

> En Italia no se reconoce ningún mérito a mi empresa si contrata a cien personas, pero es una tragedia si despido a dos. La misma historia en Francia: se habla de modelo social francés. Pero no es un modelo porque nadie lo copia. Y no es social porque produce millones de parados. Es mejor invertir y contratar en la República Checa o en Hungría, países que tienen un impuesto fijo muy innovador. [Ellison, 2005.]

El gobierno italiano objeta que en los últimos años se han introducido reformas significativas en temas sociales, asistenciales y tributarios, como la ley Biagi, el recorte fiscal de 2002, las intervenciones en la «espina» fiscal y la minirreforma de las pensiones. Los grandes capitalistas internacionales no se han dado cuenta. En vez de acusarlos de distracción hay que reconocer que se ha tratado de correcciones marginales que nunca han llevado a una modificación de la actitud cultural del italiano medio, que lee distraídamente sobre las revoluciones económicas provocadas por la globalización, y que piensa que tienen que ver siempre con otros y se ilusiona con poder seguir gozando de las protecciones y de las garantías que existían hace diez años.

Probablemente, lo más importante que tiene que aprender la opinión pública italiana es a tomar conciencia de que no sólo las tutelas garantizadas a la antigua clase media no se pueden mantener sino que para tener futuro se debe aceptar un enfrentamiento más dinámico —y seguramente más despiadado— en un contexto social «desclasificado». Hay que tener la lucidez (y la valentía) de admitir que la recuperación de la competitividad perdida pasa también por el certificado de defunción de la clase media. La italiana es una colectividad que necesita definir nuevas reglas comunes, un contrato social renovado en el que las protecciones sociales e individuales no desaparezcan: se tendrán que conseguir aprendiendo a jugar con las reglas que otros sistemas más dinámicos ya poseen.

Capítulo XI. El nuevo contrato social. Más servicios, más ocupación, menos Estado

Durante muchos siglos, el papel del Estado ha sido mínimo. Soberanos, repúblicas, dictaduras, regímenes totalitarios, imperios y colonias desempeñaban reducidas y esenciales funciones públicas muy similares entre todos: la defensa y los servicios de seguridad, la recaudación de impuestos y las actividades ligadas a la gestión de los servicios comunes como las carreteras. Los cuerpos administrativos eran frágiles y poco articulados, a años luz de las organizaciones «millonarias», en términos de ocupados, de los Estados modernos. Sólo con la llegada de la Revolución industrial el Estado se hace omnívoro, y acaba por ocuparse de toda una serie de nuevas necesidades sociales que las fuerzas del mercado no sabrían o no serían capaces de organizar con la misma rapidez y eficacia (obviamente, esta es una clave de lectura criticada por sectores enteros de la ciencia política). En algunos casos el Estado se hizo máximo, como en los regímenes comunistas que nacionalizaban y expropiaban todo. Pero también en la Francia de Mitterrand o en la Italia de posguerra el producto interior bruto gestionado por el presupuesto público fue extraordinariamente significativo.

Los hechos recientes no modifican, sin embargo, el curso secular en la relación entre individuos-comunidades y Estado. Durante decenas de generaciones, el contrato social ha otorgado un papel reducido a las competencias exclusivas de la máquina pública. No porque no se tuviera confianza en las capacidades de gestión u organizativas del Estado, o porque se pensase que lo privado podía desarrollar mejor tales funciones. Sencillamente, porque el Estado mínimo garantizaba por completo el gobierno de las fuerzas sociales, su pacífica interacción en un esquema de reglas aceptadas, el desarrollo y el progreso en una armonía aceptada. Es obvio que la complejidad, unida a la fragmentación en clases o en estructuras sociales diferentes, era muy reducida. El Estado mínimo, de hecho, encajaba perfectamente en una sociedad «de masa» con una restringida elite económica y cultural.

Sólo en la época moderna este equilibrio secular cambia profundamente. Esto sucede cuando, al formarse y emerger un cuerpo social original, llamado clase media, el Estado se hace un instrumento mucho más sofisticado y articulado de gobierno de la sociedad. Papeles y tareas confiados al público se amplían desigualmente y toma forma un nuevo contrato social. Estado y clase media se convierten así en dos caras de la misma moneda.

El Estado moderno, el constitucional y de derecho, es el fruto, en primer lugar, de la voluntad de la clase media para imponer su propia visión histórica a la sociedad; de dar vida a un contexto original, con su centro de gravedad en torno a la clase media; de producir una dimensión colectiva nueva. Por esta razón, el Estado moderno democrático (quizá también muchos regímenes totalitarios fruto de revoluciones populares pero capitaneadas por líderes provenientes de la clase media, como Mao, Lenin, Fidel Castro) coincide, en las propias características distintivas, con el espíritu de la clase media, con su ambición de querer convertirse en centro del proceso histórico.

El estado del bienestar, elemento central de esta evolución, da sus primeros pasos en el siglo XIX, aunque la iniciativa del canciller Bismarck, como subraya Martin Wolf en su reciente libro sobre la globalización (Wolf, 2004), tenía como objetivo crear una economía nacional «imperial» capaz de sufrir largos periodos de enfrentamiento armado y de no enfrentamiento, de tranquilizar a las clases medias y contener los empujes revolucionarios de la emergente clase obrera, redistribuyendo parte de los beneficios conseguidos con las barreras tarifarias.

Pero el verdadero cambio en las relaciones sociales toma forma en el siglo XX cuando, en pleno conflicto mundial, el gobierno conservador inglés, guiado por Winston Churchill, se adhiere al Plan Beveridge. El premier británico se convence de que, para reafirmar la primacía del libre cambio y del multilateralismo —las verdaderas víctimas de la Europa de los nacionalismos— era indispensable conceder una red de servicios sociales universales (desde la escuela hasta la sanidad, desde las pensiones hasta el subsidio de paro), financiados por el Estado.

Esta red supone la victoria más rica en consecuencias para la clase media, que obtiene el espacio democrático necesario para su desarrollo, el reconocimiento de la importancia del mercado y una perspectiva política que va más allá de los nacionalismos, a partir de las iniciativas comunes europeas desde la posguerra mundial.

Pero en apenas medio siglo el mercado ha creado una situación sustancialmente distinta de la imaginada por los «creadores de políticas» de los años cuarenta y cincuenta. Cuando la clase media se dispersa dentro de una sociedad renovada y modificada, como hemos intentado explicar, también se transforman el papel y la forma del Estado. Cambia radicalmente su función social porque falta la referencia clave que había favorecido su paso de una entidad con tareas reducidas a una organización compleja y omnipresente en la vida colectiva. De algún modo, vuelve la aspiración a un Estado mínimo o, en cualquier caso, reducido.

Toma forma —más o menos tácitamente— un renovado contrato social entre Estado y ciudadanos. Un contrato cuyo objetivo es rediseñar precisamente este concepto de papel mínimo que tiene que reasignarse a la actividad pública. Obviamente, se trata de modelos que varían profundamente de país en país y en el transcurso de los años. Baste con pensar en la diferencia entre los modelos escandinavos, hasta ahora basados en alta fiscalidad y alta calidad de los servicios, y los anglosajones que, tras la revolución Reagan-Thatcher, han decidido actuar como ejes en la relación entre una recaudación fiscal reducida y la introducción de elementos de mercado en la distribución de servicios incluso asistenciales. Una innovación que ha sobrevivido al retorno al poder de la izquierda, con el «*New Labour*» de Tony Blair en el Reino Unido y la reforma americana de 1996 con la que Clinton declaró acabada la era del «*big government*». En definitiva, la necesidad de ajustes continuos para mantener la competitividad del sistema obliga a las fuerzas políticas más pragmáticas a renunciar a impostaciones ideológicas demasiado rígidas para privilegiar el bien considerado esencial, incluso en el ámbito político: el de la producción de riqueza. Un concepto que en la Europa continental —en su mayoría ideologizada y con liderazgos menos arriesgados— tiene dificultades para imponerse.

Pero ¿cómo se debería diseñar un nuevo contrato social? ¿Qué significa dar vida a un Estado mínimo en el siglo XXI? Y, sobre todo, ¿de qué manera se materializa la relación entre una sociedad de la masa y sin clases de referencia, de bajo coste, y el Estado?

El contrato social post clase media se caracteriza por algunas particularidades no presentes en absoluto o presentes de distinta forma en el pasado. En primer lugar, la clase «de masa» es un sujeto original también porque tiene un nivel medio de conocimientos y competencias muy elevado. Además, está mucho más permanentemente informada o informable (ciento diez canales de telecomunicaciones fijas o móviles para cada cien habitantes en países de la zona OCDE) y organizada. Además, está considerablemente más patrimonializada y, por lo tanto, tiene una mayor autonomía de acción respecto al pasado, tanto como para tener una marcada propensión a vivir intensamente y «sin arrepentimientos» la propia aventura en el mundo del consumo.

En las franjas más «acomodadas» de la sociedad, se ha formado una nueva aristocracia del conocimiento creativo con recursos y patrimonios notabilísimos, y con la capacidad de crear formas privadas de bienestar incluso hipertróficas, si consideramos la entidad del patrimonio, cuya gestión está transferida, con fines de utilidad social. Baste con pensar en los veinticinco mil millones de dólares donados con fines humanitarios y sociales por Bill Gates a la fundación que lleva el nombre de su mujer y el suyo. En los límites de la sociedad, además, existe una realidad que está marginada, sobre todo, de la posibilidad de gozar de los nuevos derechos relevantes a la ciudadanía: el derecho al saber especializado, el acceso a las nuevas tecnologías, la apariencia del propio cuerpo, la posibilidad de formar parte de la dimensión global. Estas personas perciben subsidios y asistencia, pero viven como modernos desheredados que no piden limosna porque no se puede mendigar una línea de banda ancha, una alimentación más sana y de calidad o una intervención de cirugía estética. Seguramente estarían mejor si algunas empresas privadas aisladas, organizadas como mejor crean o elijan, en términos empresariales, pudieran ocuparse directamente de sus necesidades en vez de tener que pedir al Estado, a través de la fiscalidad, la protección de nuevos derechos de ciudadanía que este no puede garantizar solo.

No se está proponiendo una puesta a cero o una marginalización del papel del Estado en la vida de los ciudadanos. Es importante darse cuenta de que las recientes tendencias corren el riesgo de llevar, a pesar de todas las privatizaciones de las empresas industriales y de los servicios públicos realizadas en los últimos quince años, a una posterior expansión —no a una contracción— de la cuota de renta nacional gestionada por la administración pública.

En su obra sobre la globalización, citada anteriormente, Martin Wolf mantiene que quien afirme que la creciente integración de la economía internacional está quitando poder a los Estados soberanos y está destruyendo el modelo europeo, basado en «altos impuestos y un elevado nivel de reglamentación», formula un análisis incorrecto. A pesar de la globalización, de hecho, los gobiernos europeos mantienen elevados niveles de retenciones y siguen gestionando una elevadísima cuota de la renta nacional. Tampoco las balanzas comerciales parecen penalizar a la Europa «social», que ha presentado hasta ahora cuentas con el extranjero mejores que los países de libre cambio, como Estados Unidos o el Reino Unido.

Wolf admite que en el futuro no será así, que Europa tendrá que repensar su estrategia, pero mantiene que la globalización hace transparente este recorrido porque, más que imponer un recorte en la recaudación fiscal y, por lo tanto, en el gasto, obliga a los Estados a hacer sus gastos de manera cada vez más eficiente: la sociedad de bajo coste no sólo quiere consumir un volumen siempre creciente de bienes y servicios privados, sino que, inevitablemente, pretende también absorber servicios sociales y personales más amplios.

Pensemos en los dos casos más significativos: la sanidad y la enseñanza. Hasta los años setenta, para los ciudadanos, tener servicios para la salud o educativos significaba sobre todo acceder a formas estandarizadas de prestaciones ofrecidas por el Estado. En el siglo XXI, la enseñanza se ha convertido en el instrumento más valioso para conquistar un papel «creativo» en la sociedad, construir y defender las propias garantías, hacerse un hueco al que difícilmente podrán acceder los trabajadores infrapagados de los países emergentes. La sanidad vive dos tendencias: por un lado, el propio desarrollo tecnológico pone a disposición de médicos terapias e instrumentos cada vez más sofisticados y costosos que permiten afrontar patologías hasta hace poco desconocidas o incurables; por otro lado, se le pide que implique más al paciente, incluso en el perfil de satisfacción de sus exigencias psicológicas de relaciones con los demás. Un área inmensa y en rápido crecimiento que va de la dietética a la cirugía estética, pasando por las operaciones para corregir defectos de la visión.

En un mundo en el que las producciones manufactureras tienden inexorablemente a emigrar hacia países de nueva industrialización, esto significa que, en las economías occidentales, estos servicios sociales y personales están destinados no sólo a crecer rápidamente, sino también a representar una cuota cada vez más elevada del producto interior bruto de un país.

Basta con pensar en la experiencia americana, sobre todo la de los Estados del *«rust belt»* («cinturón oxidado»), la franja afectada por la crisis de la industria pesada. Ya hemos citado el caso de Cleveland, en Ohio, que perdió casi todas las acererías, mientras que la Cleveland Clinic creció hasta convertirse en una enorme «fábrica del corazón»: el centro de cardiocirugía estadounidense más grande, capaz de atraer pacientes de todo el país. Pero de Pittsburgh a Minesota, los casos análogos son numerosos. En Mineápolis desaparecen miles de puestos de trabajo en la industria, pero Rochester, pocos kilómetros más al sur, fortalece otros tantos en la Clínica Mayo: una estructura que nació a principios del siglo XX, pero que ya en la posguerra alcanzó dimensiones gigantescas, llegando a emplear, en algunos periodos, a veintiséis mil personas.

En otras palabras: todo lo que el Estado ha privatizado hasta ahora, a excepción de las empresas de servicio público (por otro lado, en manos públicas en el ámbito local), está destinado a tener un peso menor en el volumen de riqueza que producirán en el futuro los países avanzados. Por lo tanto, si no se supera el actual modelo que asigna la formación escolar y profesional y la atención sanitaria casi exclusivamente al sector público, inevitablemente la cuota de la renta nacional gestionada por el Estado —que todos dicen querer reducir— volverá inexorablemente a crecer: obligando a la política —que desde hace años promete la reducción de impuestos— a hacer elecciones fiscales «agresivas» y perdiendo oportunidades de crear miles de puestos de trabajo en actividades en las que el sector privado está mejor preparado para organizar áreas de nueva oferta.

Si todo esto es verdad, los ciudadanos deben revisar su «contrato» con el Estado, aceptando una nueva mezcla en la producción de los servicios sociales y garantizando espacios de actividad a las empresas privadas, con y sin ánimo de lucro. Empresas que deberán contar con un elevado grado de especialización, capaces de aplicar de la manera más correcta los principios de la subsidiariedad (todo lo que puede hacerse mejor y con costes menores por sujetos distintos del Estado se descentraliza), obligadas en cualquier caso a una cuidadosa reglamentación y vigilancia por parte de los poderes públicos.

A primera vista, este tipo de evolución resulta difícilmente digerible en el plano político porque sustituye un modelo de oferta estatal aparentemente gratuita por un sistema que presupone por lo menos una contribución significativa del paciente o del estudiante al gasto. En realidad, no sólo el sistema actual se paga con los impuestos del ciudadano, sino que la dificultad y, en última instancia, el escaso interés de los poderes públicos en comprimir las tendencias inflacionistas producen un continuo y acelerado crecimiento de los costes.

La sociedad de bajo coste, con su presión para obtener servicios más numerosos y diversificados a precios cada vez más bajos, representa la garantía, para quien tiene que tomar las decisiones políticas, de que la privatización de una parte de los servicios sociales no se traducirá en un relevante aumento de los costes a cargo del ciudadano. En otras palabras, al paciente o a la familia del estudiante se les pedirá que contribuyan, al menos en parte, al gasto. Pero la carga conjunta mantenida en relación con los servicios de mayor calidad y eficiencia será, en cualquier caso, inferior a la que de hecho hoy los ciudadanos —o la mayoría de ellos— mantienen para cuidados o estudios privados, que se han hecho necesarios por la ineficacia o por la saturación de los servicios ofrecidos por los públicos: listas de espera demasiado largas antes de un examen o una intervención quirúrgica esencial, falta de disponibilidad de puestos en las guarderías infantiles del barrio, a menudo una baja calidad de la enseñanza.

Se puede objetar que, en la experiencia americana, la gestión privada de los servicios sanitarios o de las universidades no ha impedido un crecimiento de los costes igualmente rápido. No es este el lugar para un examen en profundidad del modelo estadounidense. Queremos solamente demostrar sintéticamente que el aumento de los costes en la instrucción académica está unido a una mejora de la calidad, a la investigación de profesores más calificados y a la capacidad de las mejores estructuras académicas de «certificar», ante el mercado de trabajo, la elevada calidad y la competitividad de los propios licenciados.

En la sanidad, el discurso es mucho más complejo. Incluye, en otras cosas, la necesidad de financiar los elevados costes de la investigación médica más avanzada del mundo, pero también las cargas de áreas de ineficiencia y oligopolio que sobreviven incluso en partes del sector privado, por ejemplo en la gestión de las farmacias.

Pero ¿en realidad la sociedad de la masa está preparada para un tránsito de este tipo? La transferencia al Estado de la responsabilidad directa de la organización de servicios para la comunidad y para los individuos se solicita desde abajo, de manera difusa, cuando esos servicios están dirigidos a una colectividad estratificada o repartida en grupos homogéneos de intereses sociales, mientras asume otro valor completamente distinto cuando el cuerpo social se hace fluido dentro de una única categoría, por otro lado poco «etiquetable». En este segundo caso, es muy posible que surja un deseo de autodeterminación de las elecciones, individuales o colectivas, en un marco de reglas aceptadas. La importancia, en este periodo histórico, del aumento del nivel de personalización de los servicios sociales la ha subrayado recientemente un minucioso estudioso del bienestar como es el ex presidente de la Seguridad Social italiana Massimo Paci (Paci, 2005), que no es precisamente un conservador. El sociólogo advierte: hay que estar atentos para evitar un «excesivo énfasis antimercado» en la valoración de los «procesos de individualización actuales en el trabajo y en otras esferas de la vida», porque se trata de fenómenos que vienen de lejos: tienen raíces en el propio proceso de modernización de Europa y trascienden, por lo tanto, [las tendencias históricas actuales] de vuelta al mercado.

En definitiva, cegados por la globalización de los mercados,

se acaba por subestimar los fenómenos que se desarrollan en el ámbito sociocultural (en nuestro caso, los procesos de individualización).

Y continúa:

El empuje que proviene del proceso histórico de individualización está situado entre los factores y no entre las consecuencias de las transformaciones en proceso.

Articular hoy una estrategia política de éxito significa, pues, saber captar el interés del mayor número posible de electores en una plataforma de eficiencia y de innovación, al menos en lo que respecta a los servicios ofrecidos a la colectividad. Ya no existen eslóganes cautivadores y destinados a disolverse por la verificación de los hechos, como «más camas y más escuelas», sino la demostración de saber definir un programa más esencial y con la intención de tener la profesionalidad y la credibilidad para realizarlo: una verificación continua de la actuación del programa y de la capacidad efectiva del sistema para ampliar los servicios ofrecidos (aunque a costa de una significativa contribución en los gastos), aumentando la inclusividad del sistema, en vez de la defensa de servicios gratuitos pero que no satisfacen.

Los modelos de gobernabilidad pragmática, que prescinden de la tutela ideológica de los intereses de un grupo social particular, los encarnan el laborista británico Tony Blair o el conservador australiano John Howard: líderes que han conseguido ganarse tres veces la confianza del electorado proponiendo políticas de reforma e innovación social muy parecidas entre ellas. Experiencias que demuestran que la capacidad de desarrollar un programa realista y basado en soluciones innovadoras, en vez de perderse en pasadas discusiones «fiscocentrales», y de construir un liderazgo creíble y reconocido, son más importantes que perseguir intereses de cada sector de la sociedad.

Es cierto que estamos describiendo procesos largos y complejos, en cuya evolución se podrán registrar también momentáneos repliegues, mientras que algunas categorías y clases profesionales privilegiadas seguirán prefiriendo probablemente una política que tutele sus intereses específicos respecto a una impostación más equilibrada y moderna. Pero la tendencia general no puede ser otra que la que hemos indicado y que ya emerge por la experiencia de otros países, sobre todo en el mundo anglosajón.

Así, después de casi ciento cincuenta años de sufragio directo, la controversia política se desplaza de los gustos y de las sensibilidades de la clase media y de la discusión sobre cómo captarlos al análisis e interpretación de las pasiones y de las aspiraciones fundamentales pro témpore en la clase de la masa. Un trabajo difícil para cualquier analista, todavía más para los partidos hijos de la tradición política que se desarrolló durante la gloriosa época social de la clase media.

Capítulo XII
La paradoja del capuchino: aprendamos la lección de Starbucks. Los mapas y las desventajas de Italia

Italia ha tenido siempre muchas dificultades para situarse en la frontera avanzada del progreso económico, si se excluye la época renacentista, periodo en el que Italia fue una auténtica Silicon Valley. En el Renacimiento, en Italia se inventaban la finanza innovadora y los seguros, y afloraban los talleres en los que nacían las patentes de la época: soluciones materiales originales que hacían posible nuevas producciones. Pero en el siglo XIX y en el XX casi siempre se ha seguido —mejor, imitado— lo que otros han descubierto. El tan manido *«made in Italy»* nace de los oficios renacentistas con su capacidad de combinar innovación, creatividad y buen gusto.

Era un sistema productivo que tenía, obviamente, características muy distintas de aquello a lo que después se acostumbró la gente con la producción en serie de la fábrica industrial. Pero constituía un universo económico sólo aparentemente centrado en la materia: un sistema que en realidad sabía «extraer» valor adicional con la invención de nuevos servicios, como cheques y letras de cambio, y por una serie de aplicaciones creativas que convertían en «inmaterial» la materia: por ejemplo, añadir detalles originales en vestidos y muebles.

Artesanos y comerciantes obtenían beneficios porque producían sobre todo para satisfacer la demanda de la aristocracia. El mercado de la plebe, aun siendo masa, era poco interesante, dados los bajos niveles de renta disponible. En la Italia renacentista nació una clase empresarial especializada en la creación de valor dentro de este contexto: florecientes compañías al servicio de la aristocracia, que sabían producir cada temporada nuevos objetos y cambiaban modas y hábitos de consumo. Igual de bien trabajaban empresas activas en el transporte de mercancías para los consumos de masa o en logística. En el contexto de la globalización renacentista, el ingenio y el talento italiano habían sabido hacerse un hueco beneficioso.

La crisis actual se podría superar inspirándose en el Renacimiento: muchas empresas capaces de inventar productos y servicios para satisfacer la demanda de la nueva aristocracia mundial. Una aristocracia con consumos originales, pero muy homogéneos en todos los continentes. Por ejemplo, harían falta muchas más Technogym —casi todos los aristócratas del conocimiento tienen su propio gimnasio privado— y otros tantos Ferrari para satisfacer necesidades distintas al puro movimiento. Organizar una oferta para el consumo exclusivo de la nueva aristocracia puede suscitar alguna perplejidad filosófica, pero sin duda tiene un sentido económico: en los Estados Unidos, área que sigue siendo el mercado más vasto del mundo, los ricos, el uno por ciento de la población que más gana, tienen una renta media de setecientos mil dólares al año. Y, sobre todo, sus bienes están en continuo crecimiento: en el último cuarto de siglo, los ingresos de esta elite han aumentado, al neto de la inflación, en más del ciento cuarenta por ciento, mientras que en las clases de renta inferior el bienestar ha crecido igualmente, pero con menos rapidez: las tasas de desarrollo varían de una clase a otra, aunque en general están comprendidas entre el diez y el veinte por ciento.

Trabajar, para los «superricos», significa también crear una especialización natural del trabajo y de la oferta, y adoptar un modo de producción que necesita mucha originalidad y creatividad, factores que Italia posee naturalmente por su propia historia. Pero en el mundo contemporáneo, para existir en este exigentísimo mercado, hay que decidirlo y comunicarlo con precisión. Para crear tendencia en la nueva aristocracia hay que pensar y producir objetos y soluciones originales: si se hace bien, los beneficios no faltan. Italia ya ha emprendido, en parte, este camino: baste con pensar en los astilleros que construyen las lanchas a motor y los yates más lujosos o en las marcas más exclusivas en el sector de la moda. Se trata de transformar una serie de episodios en un sistema productivo que opere conscientemente.

Sin embargo, no por esto un país que tiene que producir riqueza para casi sesenta millones de habitantes puede permitirse dejar de lado otros negocios menos ricos pero igualmente prometedores como los que se refieren a los transportes o a los consumos de la clase de la masa, en el camino marcado por Ikea y Ryanair. En el turismo, por ejemplo, es justo seguir aumentando la oferta de calidad (hoteles exclusivos en las ciudades artísticas, *«beauty farms»* (centros rurales de belleza) en los Alpes, balnearios en las colinas toscanas, masías transformadas en minihoteles de lujo en Apulia), pero el país que posee la mitad del patrimonio cultural del mundo, así como montañas, playas, lagos e islas de extraordinaria belleza, no puede renunciar a satisfacer también a un mercado de masa que, sin embargo, precisamente en los últimos años, ha empezado a escapársele: ha emigrado a España, Croacia y otros países de la costa mediterránea.

¿Cómo se redescubre la vocación renacentista en las producciones dirigidas a una elite y se recupera la competitividad en las áreas donde hay que conseguir atraer a una gran masa de consumidores?

Italia no parte de una posición ideal. Ha acumulado una deuda pública enorme (cercana al ciento ocho por ciento del producto interior bruto anual) y de nuevo en aumento tras los años en los que se había intentado contenerla. Dinero perdido en mil ramificaciones del gasto corriente y que, por lo tanto, no ha servido para financiar inversiones que habrían enriquecido al país. Ninguna de sus universidades figura entre las primeras ochenta del mundo[11], tiene infraestructuras anticuadas y aún hay un sistema dividido sustancialmente en dos distintas áreas económicas y sociales: ha endeudado a las generaciones futuras para garantizar a las actuales derechos que no están cubiertos por recursos financieros adecuados. Por lo tanto, dejará a los jóvenes, y a quien venga al mundo dentro de algunos años, un sistema inadecuadamente provisto para ser competitivo en mercados que cada vez tienen menos barreras.

A diferencia de la Italia del siglo XVI, que venía de los oscuros siglos medievales, pero que había inventado la Universidad y tenía los mejores centros de investigación y de estudio de la época, el país de hoy parece encerrado en la convicción de que puede vivir —o, mejor, sobrevivir— de la renta de la situación ofrecida por los propios bienes paisajísticos y culturales. Es menos ambicioso que colocarse en la frontera donde se encuentran los que, de distinta manera, intentan hacer que avancen los equilibrios sociales. Desde esta óptica, es una pequeña Italita temerosa de los demás y del futuro.

El problema no radica —o no sólo— en una fuerza-trabajo que se siente vulnerable y resiste a todo cambio. Ni siquiera los empresarios desarrollan un papel realmente dinámico. Hay una regla perversa que se ha impuesto en los últimos años y que podemos catalogar como la «paradoja del capuchino». Una de las mejores cualidades de los italianos es inventar

---

[11] Según la clasificación elaborada anualmente por el Institute of Higher Education de la Universidad Jiao Fong de Shangái, tomada en consideración también en los trabajos de la Comisión Europea, la primera universidad italiana en 2005 fue La Sapienza de Roma en el puesto noventa y siete, por debajo del año 2004, que estuvo en el noventa y tres. (En España, la Universidad Autónoma de Madrid y la Universidad de Barcelona ocupan el puesto ciento cincuenta y tres, junto a otras cuarenta y ocho universidades. *Nota del traductor*).

fórmulas sencillas, prácticas y fácilmente industrializables. Pensemos en el fenómeno Starbucks, con más de cinco mil quinientos millones de dólares de facturación al año por la venta de cafés, y eso que es una sociedad creada hace menos de diez años. La empresa nació en Seattle, por iniciativa de un estadounidense, Howard Schultz, que ha confesado ingenuamente que se inspiró, para construir su imperio, en el modo italiano de tomar el desayuno en la cafetería. El señor Schultz ahora posee más de noventa mil puntos de venta en todo el mundo y es sin duda el barman con más éxito de la historia. Hoy, el capuchino, inventado por los italianos y convertido en consumo global por los estadounidenses, se bebe mientras se habla de negocios en Moscú o se espera un taxi en Pekín, o entre una cita y otra en Londres o Madrid.

Los italianos no lo sabían, pero su capuchino, tan fácil de preparar y tan agradable de consumir en cualquier circunstancia, lo deseaban todos de manera latente. Sólo era necesario que alguien tuviese la intuición de organizar una oferta estandarizada y, por lo tanto, extensible a todo el mundo, para que demanda y consumo estallasen y naciese un nuevo modo de desayunar o de hacer una pausa para un café. Si algún italiano hubiera sido capaz de haber aprovechado la genialidad de sus abuelos, se habría creado en Italia mucha ocupación y riqueza. Un discurso que va dirigido a los empresarios y, todavía más, al crédito: ¿quién habría financiado en Italia la idea de *mister* Schultz, que en Seattle encontró capitalistas arriesgados, dispuestos a apostar por él cientos de millones de dólares, incluso después del fracaso del primer intento con la cadena de cafeterías llamadas Il Giornale?

Obviamente, para tener éxito, es preciso tener ante los ojos un mapamundi y no el patio de casa. Incluso las otras empresas de venta de café a la italiana, que han surgido sobre todo en el mundo anglosajón (Costa o Caffè Nero, por ejemplo) están gestionadas por multinacionales americanas o británicas que las han construido desde cero o han comprado pequeñas cadenas creadas por empresarios italianos, que, en el momento de dar el salto de calidad, prefirieron cobrar y poner la mano. Con la *pizza* no ha sido distinto: Pizza Hut o Pizza Express son cadenas mundiales que han impuesto por todos los sitios una manera de comer nacida en Italia.

Los ejemplos propuestos nos llevan a otra verdad económica importante: en el mundo caracterizado por la demanda de la clase de la masa, no basta con saber ser creativo si no se consigue combinar la creatividad con una organización de empresa. Starbucks ha innovado no sólo ofreciendo una vasta gama de bebidas a base de café, en un ambiente confortable, en el que se puede leer un libro o trabajar con el ordenador sentado en un sillón o a una mesa de madera. Pero no habría conseguido crear una cadena si no hubiera contado con la capacidad de obtener locales en los sitios más transitados de las principales ciudades, de penetrar en las librerías, en los grandes almacenes, en las estaciones, en los aeropuertos.

Si un mayor número de empresas italianas aspirase a crear productos dirigidos a la nueva aristocracia mundial, si nacieran empresas capaces de responder a las demandas más sofisticadas de la sociedad de la masa, los beneficios para la economía italiana serían muy relevantes. Difícilmente Italia podrá volver a sectores de los que (con excepción de algún segmento) ha salido hace ya décadas, como el químico, el farmacéutico o el informático.

Pero hay otro camino: desde la domótica hasta la electrónica para usos personales, desde la decoración hasta la comida, los helicópteros y el transporte sobre dos ruedas, la revolución en la oferta de bienes o servicios pensados para consumidores que buscan productos «exclusivos» acaba de empezar.

Con el mismo espíritu innovador deberían los italianos aprender a aprovechar a escala mundial la creatividad para impulsar tendencias —esta vez no «exclusivas» sino «inclusivas»— de consumo a bajo coste.

Deben aprender a sacarle más partido al *«made in Italy»,* y sobre todo al estilo de vida italiano, que todavía fascina al mundo; pero es necesario saber, sin embargo, que ese mundo ha cambiado, que no se puede vivir de rentas de situación. Para tener éxito ya no basta con imprimir la bandera en un producto: valen liderazgos innovadores y originales, capaces de crear un gran valor social, además de privado. Liderazgos capaces de pasar verdaderamente página en una lógica de «fin de la historia», que se den cuenta de que las economías y los sistemas contemporáneos conviven en un espacio único. El declive de la acción histórica en la modernidad posindustrial, dominada por la innovación técnica, es la misma en todo el planeta: se necesita reflexionar sobre las conclusiones de Philippe Nemo (Nemo, 2006). Se puede, y se debe, seguir vendiendo la «diversidad» italiana como estilo, gusto, aroma, pero sin ilusionarse con poder defender también una veleidosa «diversidad» de su sistema económico. Ya no existe ni siquiera la ilusión de la practicidad de un modelo europeo, con mayor razón italiano, diferente y peculiar respecto al resto del mundo.

En este contexto, los Estados Unidos, auténticos animadores de la escena, han sabido producir una dimensión empresarial original que prácticamente no existe en Europa. De hecho, casi sólo en Estados Unidos han aparecido y se han confirmado los nuevos empresarios de la tecnología planetaria, capaces de crear un Google o de descifrar el genoma. La competitividad europea en sectores innovadores ha quedado unida durante muchos años a la presencia pública, como con Airbus o StMicroelectronics. La diversidad que se ha creado no es ni banal ni fácil de llenar de contenido.

El no disponer de personajes como Larry Page y Larry Ellison empobrece a la propia comunidad, que queda impermeable a la innovación social. Crear las condiciones para el éxito de empresarios «revolucionarios» significa también dar un paso en la dirección de un sistema socialmente más justo. Quien piense que esta es una afirmación provocadora, que se haga la pregunta: ¿es más justa una sociedad que hace pagar a sus jóvenes su generosidad al suministrar bienestar y que no se da cuenta de si ha habido un Bill Gates europeo, o una sociedad que, posibilitando y valorizando a las empresas de Steve Jobs y del propio fundador de Microsoft, permite una extraordinaria movilidad social, consiente una producción ingente de valor innovador y hace posible el declive más grande de la ambición positiva del proceder humano?

Abrir las puertas de la sociedad para transformarla en colectividad sin barreras de ningún tipo puede asustar a muchos, pero es nuestro futuro. Ciertamente, una sociedad menos protegida, con menos certezas. Pero es la sociedad que también, de alguna manera, viene de más allá del Estado social: la que, liberada de la emergencia de garantizar los recursos mínimos para sobrevivir que inspiraba el bienestar del siglo XX, busca continuamente caminos y recorridos originales, crea un enorme volumen de riqueza adicional de la que se beneficia toda la comunidad, aunque su distribución no se inspira en criterios igualitarios.

No es una receta de aplicación agradable, y se articula a lo largo de una trayectoria que une los equilibrios sociales y el control de la riqueza con la capacidad de producir valor pensando de forma original. Se trata de un auténtico renacimiento en la manera de vivir la dimensión individual en términos de oportunidad, pero también en la vida colectiva. Se debe abrir camino a lo nuevo y para esto es necesario redefinir los equilibrios del poder.

A una sociedad creativa y competitiva le vale de poco el Estado empresario y de mucho el Estado garante y habilitador, capaz de intervenir en las patologías del sistema llamando al orden a las empresas cuando sus comportamientos se hacen demasiado incorrectos, yendo más allá del marco de las reglas y promoviendo el bien público intrínseco en cada innovación de éxito.

En definitiva, una revolución para las empresas, pero sobre todo para el modo de hacer política: el creador de políticas italiano ha preferido siempre recibir en alguna sala privada a empresarios y banqueros para discutir operaciones —o, peor, «chanchullos»— financieros-industriales. Trabajar para favorecer una posible revolución desde abajo de empresarios innovadores y muy ambiciosos se ha considerado siempre laborioso y poco agradecido, por la imposibilidad de traducir un trabajo parecido en ventajas inmediatas de tipo político o de clientelismo. Se trata de compromisos con los que se nos puede llenar la boca en los congresos pero luego se dejan en manos de alguna alma cándida.

Política, empresa y sociedad viven separadas, cada una en su ámbito. Con la agravante de que, desde sus orígenes (que se remontan, según el historiador económico Alfred Chandler (Chandler, 1988), a la primera aventura ferroviaria norteamericana), la relación entre empresa y tecnología ha sido introspectiva. Digamos introvertida, si queremos utilizar el lenguaje usado por la antropología para describir comunidades humanas cerradas en sí mismas.

La mejor utilización posible de la tecnología empezaba y acababa en las necesidades empresariales: el único objetivo era mejorar la gobernabilidad de los procesos productivos. Así, en el transcurso de las décadas que siguieron al nacimiento de las primeras compañías modernas, la técnica se utilizó para automatizar funciones, gestionar tiendas y reducir tiempos de producción. En definitiva, la tecnología veía a los consumidores finales sólo de manera refleja e inmediata, concentrándose en mejorar las funcionalidades internas.

Hoy este escenario ya no existe, y no porque algunos empresarios se hayan convertido en gobernantes (el de Berlusconi es sólo un caso, que además provocó una especie de «crisis de rechazo»: en los Estados Unidos hay un continuo paso de los papeles de directivos a los de políticos, y viceversa; los mismos Bush —padre e hijo— desarrollaron, en distintos periodos de sus vidas, funciones empresariales). El verdadero tema es que la relación entre una empresa de éxito cualquiera y su ambiente externo se ha armonizado. Ya no existen fronteras entre el exterior y el interior de la compañía, y para competir es necesario saber integrar el conocimiento y las actividades de la empresa con lo que hay fuera de ella.

Se trata de la lógica del *«open source»* («licencia abierta») aplicada también al mundo de la producción no informática.

No supone sólo un problema de calidad de estructuras y servicios fuera de la empresa: eficiencia de las redes de carreteras y ferroviarias por las que se transportan los productos, calidad de los servicios externalizados, grado de legalidad del sistema. Hace falta, por ejemplo, ajustar cuentas con los conocimientos y los deseos de los consumidores, a menudo poco interesados en el valor contenido en productos realizados según una lógica impuesta desde arriba, y cada vez más deseosos de coproducir valor.

Un ejemplo lo encontramos en Lego Mindstorms, una iniciativa propuesta hace tiempo por la multinacional danesa para enriquecer la experiencia de los propios juegos con la incorporación de la tecnología. Unos meses después, Lego comprobó que ya no podía gestionar la evolución del producto sin tener en cuenta lo que habían desarrollado los consumidores, inmediatamente autoorganizados en comunidades para intercambiar información y sugerencias. Así, la trayectoria de mercado del producto salió del control exclusivo de la compañía para entrar en la dimensión de la cogestión del negocio con los clientes finales. Este y otros casos análogos están creando una visión considerada hasta hace un tiempo puro ejercicio visionario en un paradigma industrial nuevo.

La lógica de la licencia abierta, amplificada por las posibilidades tecnológicas que ofrece Internet, puede parecer destructiva para las empresas, pues mina en la base el modelo de intercambio mediado por el precio. En realidad, se trata de una forma original de bien público: los participantes de una comunidad, como la de Lego, tienen interés en ceder gratuitamente sus conocimientos porque están convencidos de que pueden disponer también gratuitamente de lo que desarrollen o necesiten en el futuro, o simplemente confían en ello. En definitiva, un «do ut des» que se ha hecho posible gracias a la convicción compartida por todos los participantes en el intercambio gratuito de que el bien público «abierto» seguirá aumentando su valor con el paso del tiempo.

Abrirse a la dimensión del intercambio tipo «licencia abierta» supone para las empresas una elección de supervivencia competitiva. Así, la tecnología ya no se podrá utilizar sólo para encargarse de procesos internos, sino que será el instrumento natural para integrar a cada empresa en la red de relaciones abiertas. La política de un país como Italia, con un número reducido de grandes empresas, casi siempre locales porque tienen la concesión de los servicios públicos, y muchas compañías de tamaño mediano, debería saber interpretar los tiempos.

¿Cómo? De cuatro maneras:

a) comprendiendo que, en la economía moderna, las infraestructuras públicas, los servicios, la enseñanza y la propia justicia son elementos esenciales de la competencia internacional y, por lo tanto, deben gestionarse con lógicas empresariales (incluida la continua verificación de los resultados obtenidos sobre la base de parámetros precisos);

b) convenciéndose de que las economías con mayor potencialidad de crecimiento son hoy las más capaces de responder a la demanda del consumidor de bajo coste en un horizonte que ya no puede ser nacional, y orientando, como consecuencia, las elecciones de política industrial;

c) ayudando a las compañías a adaptarse a una realidad en la que las empresas de éxito ya no imponen los productos desde arriba, sino que crean una relación abierta e interactiva con los consumidores;

d) encontrando la fuerza política y los recursos económicos para poner en práctica una verdadera revolución en la organización de los servicios a las personas, dejando algunos a la iniciativa privada en un marco, sin embargo, severamente reglamentado y sometido a una vigilancia continua y atenta.

Las intervenciones concretas desde las que se puede partir, según nuestra opinión, comprenden:

1) Una política de desfiscalización del coste del trabajo dirigida específicamente a las empresas del conocimiento, interviniendo para reducir significativamente la horquilla fiscal donde

especialización y recursos intangibles que posee la clase creativa son elevados e indispensables para darle un empujón al crecimiento; de esta manera se daría un paso concreto para atraer a talentos extranjeros.

2) Intervenciones que favorezcan la difusión efectiva de productos y servicios de bajo coste, evitando «drenajes» anómalos de riqueza en la cadena de distribución: una manera no sólo de estimular la oferta de la empresas y tener cuidado con la inflación, sino también de aumentar el bienestar de los ciudadanos que, a igualdad de compras, gastarán una cuota inferior de su renta.

3) Medidas que faciliten la difusión del capital privado —con y sin ánimo de lucro— en los servicios sociales, empezando por la enseñanza y la sanidad. En otras palabras: el fin del monopolio (o semimonopolio) público en la oferta de los servicios para la sociedad. Se debe tener en cuenta que Italia puede convertirse en un «polo de la salud» capaz de atraer a pacientes del extranjero, por la bondad del clima y de sus ciudades, por el buen nivel profesional adquirido en el ámbito médico, y por la difusión —en medio de demasiados casos de ineficiencia y corrupción— de muchas «islas» hospitalarias, caracterizadas por un elevado nivel de prestaciones quirúrgicas y por una asistencia que intenta desarrollar su propio papel con una humanidad a menudo desconocida en otros países.

4) Valorización del *«made in Italy»* y, en general, de servicios y productos que interpretan el *«Italian way of life»,* animando a los empresarios italianos a tener ambiciones estratégicas mundiales, porque, si existe una demanda latente de «vivir y consumir a la italiana» en todos los continentes, es también cierto que hoy se trata —desde el lado de la oferta— de organizar y desarrollar negocios globales. Sólo una clase dirigente de un país internacionalmente creíble y consciente de la importancia de jugar en equipo para ganarse la confianza de los mercados de capital puede, razonablemente, pensar en incubar y alimentar muchos Starbucks.

5) Un fuerte impulso al turismo que, en un país que tiene que sacar provecho de un enorme patrimonio cultural y paisajístico,

para compensar al menos en parte las pérdidas del sector manufacturero, no puede tener como objetivo sólo los «viajes de los ricos». Ciertamente, el turismo de masa puede congestionar un país ya atestado, mientras que los grandes hoteles corren el riesgo de arruinar el paisaje: es necesario desarrollar redes y encontrar áreas adecuadas. Pero, como hemos experimentado ya amargamente en la industria, hay que entender que el eslogan «lo pequeño es bonito» resulta engañoso. «Pequeño» es seguramente más sugestivo y confortable, pero funciona sólo si consigue razonar con una lógica empresarial de «grande» y crear una red. Si el pequeño impone precios estratosféricos con una calidad de servicios mediocre y no sabe dialogar con los grandes operadores internacionales que mueven millones de turistas a la vez, como Tui o Thomas Cook, destruye el único y verdadero filón aurífero de que dispone Italia. Es inútil sorprenderse cuando se lee que España, durante mucho tiempo marginal en este campo, se ha convertido en un polo de atracción del turismo internacional más importante que Italia.

En el fondo, se trata de una visión neorrenacentista: entonces, la ciudad se abría a las novedades que venían de cualquier lugar y las rechazaba para mejorar la calidad de vida de los propios ciudadanos; hoy —sin confines ni murallas— son las compañías, forma moderna de convivencia colectiva a largo plazo, las que se hacen permeables a lo que es útil e innovador, lo que se desarrolla y produce en el mundo. Ayudar a las empresas durante este camino exige, sin embargo, mayor fantasía, competencia y honestidad intelectual de las que, con pocas excepciones, la clase política ha estado hasta ahora acostumbrada a poner en práctica.

Capítulo XIII. Gobernar el mundo sin clase media. Un desafío para la democracia

El gobierno de la sociedad post clase media ya ha empezado. Se trata de un fenómeno político visible, con distinta intensidad, en los países avanzados, en los que la agenda política debe ofrecer mayores oportunidades de realización para las masas —una especie de plena ocupación de la posibilidad de consumir—, y contextualmente tiene que ser capaz de encontrar las fórmulas para que no se pierdan demasiados puestos de trabajo y cuotas de mercado en favor de las economías emergentes. Un círculo difícil de cuadrar, también porque las sociedades occidentales, amenazadas por los éxitos de China, India y Brasil, parecen estar siempre en busca de una especie de óptimo «paretismo» del siglo XXI. El postulado enunciado por Vilfredo Pareto, que ha dado forma a las políticas sociales del siglo XX, establecía que una intervención era óptima cuando mejoraba al menos el bienestar de un individuo sin perjudicar, de ninguna manera, al resto de los individuos.

La política sólo puede seguir marcándose objetivos de este tipo, pero, si el mecanismo del crecimiento económico se rompe, la realidad empuja inexorablemente al sistema en otra dirección. Si la renta disponible se estanca o incluso disminuye, quien gobierna se encuentra en una encrucijada: puede hacer selecciones de seguridad en la forma, pero veleidosas en la sustancia, o llevar el camino de un realismo doloroso (y, por lo tanto, impopular).

En definitiva, garantizar las mejores condiciones de vida e igualdad de oportunidades iniciales de realización a los ciudadanos es una empresa extremadamente compleja, tanto que una realidad social cada vez más magmática complica no poco la búsqueda de un acuerdo sobre el nuevo modelo que hay que adoptar. Y no es en absoluto cierto que, en los procesos de superación de las antiguas ordenaciones basadas en la clase media, los sistemas económicos más desreglamentados aseguren una mayor movilidad social.

Esto se ve claramente en los Estados Unidos, donde la gran mayoría de los ciudadanos —desde los que están al límite de la indigencia hasta los abogados que ganan medio millón de dólares al año— se declara, en los sondeos, como clase media. Con lo que se certifica que esta clase, de hecho, ya no existe.

Y, sin embargo, Estados Unidos, tierra de oportunidades, el país que ha construido el elemento unificador social del sueño americano precisamente con la potencia de sus «ascensores» sociales, ya tiene un nivel de movilidad social igual al que se encuentra en la estatista Francia e inferior a la tasa registrada en algunos países escandinavos con niveles astronómicos de recaudación tributaria sobre la renta y el patrimonio[12].

Por lo demás, como ha referido una investigación del *New York Times,* que ha dedicado una encuesta de nada menos que once entregas a la evolución de las clases sociales en Estados Unidos (Scott, Leonhardt, 2005), los recortes fiscales del presidente han producido una situación en la que los impuestos pagados para costear la sanidad y la asistencia por los que ganan entre cien y doscientos mil dólares al año son superiores,

---

[12] Los datos están recogidos en un artículo de Bob Herbert (Herbert, 2005). Contiene otras referencias cuantitativas y notas bibliográficas sobre el tema.

en porcentaje de la renta, a lo que han pagado los que han ganado más de diez millones al año.

Algunos elementos regresivos del sistema fiscal estadounidense probablemente han alentado a los productores y, por lo tanto, han contribuido al relanzamiento conjunto de la economía experimentado en los Estados Unidos en los últimos años. Pero esta situación confirma todo lo analizado en los capítulos precedentes: la nueva clase de rentistas del conocimiento vive en una dimensión propia y participa, al pagar un mínimo, a la preservación, más que del Estado social, de un Estado que garantice sus niveles aceptables de seguridad personal y colectiva. Poseen rentas y patrimonios que les permiten crearse un sistema de bienestar paralelo, personalizado según las necesidades del momento.

Su pertenencia a la sociedad estadounidense, más que por los impuestos pagados para redistribuir recursos entre las distintas clases, se manifiesta por los fondos y por los cheques millonarios que generosamente extienden para financiar las campañas electorales de presidentes y gobernadores, o las fundaciones filantrópicas que operan en el ámbito de la investigación científica o que sustituyen al Estado en el suministro de algunos servicios asistenciales.

Europa no debe fijarse en este modelo. Pero no se puede ignorar tampoco que esta es la realidad de la mayor economía del mundo.

Pero vayamos al grano: ¿qué debería caracterizar en concreto a la acción política en un contexto sin clase media? Según nuestra opinión, es necesario en primer lugar entender que hoy los «cuerpos» electorales occidentales, cada vez más, se caracterizan, organizan y dirigen por los deseos de la clase de la masa, estratificación de comunidades de intereses móviles y abiertos, que tienden a interpretar el presente y el futuro a través de su propia agenda, que no coincide con la tradicional. Esta clase, potencialmente vulnerable a la fascinación de propuestas políticas extremas y radicales, quiere comprender cómo es posible, en concreto, seguir teniendo una perspectiva de crecimiento del consumo, del bienestar, de la calidad y de la duración de la vida en un contexto en el que el poder económico y político se desplaza rápidamente hacia países asiáticos, como advierte Clyde Prestowitz en su ya citado ensayo (Prestowitz, 2005).

Una sociedad sin clase media está, al menos teóricamente, mejor predispuesta para afrontar este estímulo externo al cambio y a la movilidad, porque se halla menos anclada en valores tradicionales o en puntos de referencia «históricos». Una directiva política creíble y carismática la puede convencer para que ceda algo al resto del mundo, a condición de que vea perspectivas de crecimiento originales en nuevos sectores ligados a la tecnología, a la creatividad, a la innovación o a los servicios a las personas. En ausencia de esto, muy probablemente vivirá la tentación de radicalizar la propia presencia política en una actitud antiglobalizadora, acríticamente contraria al libre cambio y al pluralismo cultural y étnico.

Este es un paso fundamental, porque da luz a la potencial fragilidad del marco. Falta una clase media que, si bien se había convertido en un elemento viscoso para el sistema económico, había desarrollado una importante función de «amalgama» política y de correa de transmisión del consenso. Y, sin embargo, a pesar de la solidez de esta amalgama, cuando, en la primera mitad del siglo pasado, la burguesía se vio amenazada por la crisis de la primera posguerra mundial, radicalizó su comportamiento confiándose a regímenes dictatoriales.

Frente a una sociedad «desclasificada» todavía más fluida, y, por lo tanto, más influible por propuestas políticas radicales, este problema de gobernabilidad se plantea de manera más viva. El riesgo es que, a falta de una propuesta política clara, un porcentaje relevante del cuerpo electoral acabe por escuchar las sirenas de los líderes «populistas», que proponen responder a la complejidad de los problemas con recetas proteccionistas simples pero inaplicables, con la xenofobia, con la tendencia a echarles a los demás —China, los emigrantes, las instituciones europeas, el euro— las culpas de nuestros problemas.

Las dimensiones del problema quedan muy bien ilustradas por lo que ocurrió el año pasado con ocasión de los referendos de Francia y Holanda para ratificar la Constitución europea: a pesar del pleno apoyo al sí por parte de los gobiernos y de las fuerzas políticas tradicionales, el electorado no dudó en demoler cincuenta años de política comunitaria; ante la existencia de una propuesta europea capaz de responder a sus miedos, se ha refugiado en el interior de su horizonte nacional. Un escenario destinado a repetirse muy a menudo en un futuro próximo, cuando la política esté ausente en los programas propuestos o no sea creíble.

Nos encontramos ante un formidable reto, no sólo para los políticos sino también para los empresarios, que pueden desempeñar un papel de vigilancia de la democracia, como intentan hacer los magnates americanos tipo Andy Grove o Steve Jobs, que obtienen su riqueza de una sociedad dinámica, creativa y abierta, o pueden caer —como sucedió en Italia durante los veinte años fascistas— en la tentación de secundar un régimen reaccionario que les ofrece operar en un sistema económico ampliamente tutelado. Un capitalismo que, como en Italia, tiende a huir de la competencia para retirarse a sectores reglamentados y protegidos por concesiones no está acumulando los anticuerpos necesarios para afrontar situaciones en las que la defensa de la democracia pueda exigir también el compromiso activo de las partes sociales.

Estos interrogantes sobre la capacidad democrática se han hecho todavía más concretos y profundos por las dificultades de sostenibilidad del llamado modelo social europeo. Obviamente, hablar de un único modelo en el área de la Unión Europea es aventurado, ya que el capitalismo renano franco-alemán es distinto del de proveniencia anglosajona, mientras que el bienestar escandinavo a su vez difiere mucho del español o el italiano. Pero es indudable que a Europa, en el mundo, se la identifica con el continente que, más que los demás, ha ofrecido a sus ciudadanos una red de protección amplia, articulada y duradera.

Es un modelo que, hasta el momento, ha garantizado estabilidad política, además de económica, y al que muy pocos estamos dispuestos a renunciar. Hay que analizarlo, sin embargo, con objetividad, partiendo de los datos de la realidad internacional: los países emergentes, los de mayor éxito económico, no parecen interesados en repetir el modelo europeo. El bienestar encuentra dificultades para aplicarse incluso en el corazón de la *Mitteleuropa,* que ha experimentado hasta hace poco tiempo el socialismo real. La pregunta es entonces: ¿durante cuánto tiempo se puede todavía mantener un modelo autónomo europeo que tiene una acentuada dificultad para producir desarrollo económico —como muestran irrefutablemente los datos del producto interior bruto de los últimos diez años— y no consigue atraer capital internacional a inversiones innovadoras?

El riesgo radica en que —en un contexto mundial donde los precios de las actividades y de las mercancías se determinan cada vez más por decisiones tomadas en Pekín o en Washington— nuestro modelo sufra de repente un colapso. Es decir, que el área de la Unión Europea, anémica en la producción de nuevo valor, se encuentre en una condición análoga a la de Japón en los años noventa, que, sin saber modernizar durante un tiempo su sistema socioeconómico, se quedó entrampado una década en una situación recesiva.

Probablemente, para los políticos europeos ha llegado el momento de comprender que los distintos intentos de reformar el modelo, como los del «Libro Blanco» de Lisboa de 2000, que pretendía transformar en el plazo de una década a Europa en el área más competitiva del planeta, no han dado los frutos esperados: quizá no era la receta adecuada, y, en cualquier caso, ha faltado la voluntad política para implementarla.

Hoy es, sin embargo, necesario comprender que, al faltar la construcción social sobre la que se formó históricamente el modelo europeo, se precisa, más que ajustes en los márgenes, un replanteamiento conjunto, pues se sabe que, si el empuje de

China prosigue imparable, dentro de una década la renta de los bolsillos europeos podría ser inferior que la de los ciudadanos de las grandes potencias asiáticas: el producto interior bruto per cápita y, por lo tanto, la renta disponible de los trescientos millones de chinos más acomodados podría superar a la de los cerca de trescientos millones de europeos de la zona euro.

Si para entonces la política del Viejo Continente no ha sabido dar una respuesta concreta, podría empezar a crecer entre los europeos la tentación de intercambiar mayor bienestar económico y capacidad de gasto con una renuncia parcial a los derechos democráticos y a la libertad de las personas. Un régimen totalitario gobernado por una tecnocracia eficiente y competente podría parecer más capaz de gobernar el cambio de sistemas democráticos con liderazgos débiles y partidos ligados a las lógicas del pasado.

En definitiva, no se puede excluir que, incluso los sofisticados ciudadanos europeos, frente a la necesidad de elegir entre una democracia que tiene dificultades para garantizar la capacidad del bienestar conquistado y una tecnocracia retrógrada, pero capaz de expandir continuamente las posibilidades de consumo, acaben por buscar refugio en un gobierno de los «mejores»: un gobierno, pues, ya no estrictamente democrático, o incluso no elegido, según la fórmula acuñada por Platón en la antigua Grecia.

Obviamente, la partida está lejos de haber acabado. Existen todos los márgenes de maniobra para que la política, comprendiendo que debe actuar en un espacio sin clase media, sepa adoptar programas no centrados en objetivos de corto alcance, pretendiendo, sin embargo, reformas capaces de alinear, al cabo de pocos años, a Europa con las modalidades productivas y competitivas adoptadas por el resto del mundo y que ya no podemos pensar en cambiar unilateralmente. Es preciso comprender que, frente a los empujes exógenos de fuerzas económicas y sociales que no se habían manifestado antes en la historia con tanta intensidad y capacidad de choque, el propio contexto de las relaciones internacionales ha cambiado profundamente: ya no existe un sistema caracterizado por pocos bloques homogéneos en los que Europa desempeña un papel central. Es perfectamente verosímil que, dentro de pocos años, en algunos organismos multilaterales, como la Organización Mundial del Comercio, se puedan formar mayorías «pacíficas» (en el sentido del océano) en detrimento de los intereses de nuestro continente.

Europa, que incluso se enorgullece de un modelo social ciertamente envidiado en el mundo por los resultados obtenidos en la calidad de vida y por su capacidad para garantizar la cohesión social, se encuentra menos preparada para afrontar los esfuerzos producidos por el nacimiento de una sociedad mundial de bajo coste. Pero esto no significa que todo lo que ha distinguido a Europa, y la distingue, esté destinado a desaparecer: el modelo de economía de mercado fundado sobre el papel de la clase media, que ha acompañado durante mucho tiempo las decisiones políticas del Viejo Continente, debe ceder su puesto al capitalismo de la clase de la masa.

Algunos políticos amplios de miras pueden gobernar este proceso sin renunciar a las conquistas esenciales del último medio siglo. Si, en la posguerra, la visión de los estadistas europeos supo utilizar las reformas sociales y políticas para encauzar el empuje a la expansión del modelo colectivista, hoy las fuerzas de gobierno de la Unión Europea deben interpretar la realidad, entender qué partes del sistema actual pueden utilizarse y cuáles, sin embargo, hay que sacrificar, y sobre esta base construir un nuevo modelo. No resultará fácil, pero siempre es mejor que atragantarse al demonizar las tendencias emergentes en otros continentes, sin comprender que las dinámicas actuales son globales, transversales e imparables.

Europa es rígida y lenta, pero tiene una característica que, si se valoriza, puede resultar preciosa incluso para los demás sistemas: mientras que en otros sitios la rapidez de adaptación a los cambios económicos coincide con cierta tendencia a hacer tabla rasa de las experiencias precedentes, con consecuencias políticas y sociales a menudo desestabilizantes, Europa siempre ha intentado no «destruir su historia». No sólo ha sabido constantemente producir modelos universales (desde el Estado-nación hasta el marxismo social), sino que, además, en el transcurso de un equilibrio económico a otro sucesivo casi siempre ha mantenido con vida los elementos esenciales producidos hasta ese momento por su trayectoria histórico-política.

En definitiva, la Europa que ha «inventado» la clase media puede sobrevivir a su fin. Liderazgos descolgados del ciclo político del momento y capaces de leer la realidad y las soluciones desde una perspectiva histórica están capacitados para contribuir al gobierno de la sociedad de bajo coste, suavizando su tendencia natural al exceso de consumismo, y casi se podría decir al totalitarismo consumístico, y, por lo tanto, a la pérdida de valores distintos por el simple precio de un bien o de un servicio.

La sociedad a bajo coste ya es una realidad, pero se trata de un modelo incompleto, incapaz de mirar al hombre en su totalidad y complejidad. El capitalismo salvaje y los sistemas económicamente dinámicos, pero no democráticos, no pueden, ciertamente, curar sus patologías. Esta nueva realidad social necesita, pues, una humanización, valor plurisecular de la identidad occidental. El neohumanismo de la sociedad de bajo coste.

Bibliografía

ALTMAN, Daniel, *Neoeconomy. George Bush's revolutionary gamble with America´s future,* Nueva York, Public Affairs, 2004.

AMATO, Giuliano, «Lettere Europea: Dall'Est soffia el vento dell´aliquota unica», *Il Sole 24 Ore,* 13 de marzo de 2005, páginas 1 y 8.

«America´s Fortunes», *The Atlantic,* enero de 2004.

BAGNASCO, Arnaldo, *La construzione sociale del mercato,* Bolonia, Il Mulino, 1988.

BARMAN, Zygmunt, *In search of politics,* Cambridge, Polity Press, 1999.

BELL, Daniel, *El advenimiento de la sociedad post-industrial,* Madrid, Alianza Editorial, 1991.

BERENSON, Alex, «Costly cancer drugs bring hard decisions», *International Herald Tribune,* 13 de julio de 2005, página 11.

BHAGWATI, Jagdish, *En defensa de la globalización,* Barcelona, Debate, 2005.

«Calling an end to poverty», *The Economist,* 9 de julio de 2005, páginas 51-52.

CASTELLS, Manuel, Pekka HIMANEN, *La sociedad de la información y el estado del bienestar: el modelo finlandés,* Madrid, Alianza Editorial, 2002.

CHANDLER, Alfred D. júnior, *La mano visible: revolución en dirección de la empresa norteamericana,* Madrid, Ministerio de Trabajo y Asuntos Sociales, 1998.

COMISIÓN EUROPEA, *Plan de acción de Lisboa,* Bruselas, 3 de febrero de 2005.

DE RITA, Giuseppe, «La trincea inesistente del welfare», *Corriere della Sera,* 23 de septiembre de 2004.

DONAHUE, John D., Joseph S. Nye, *Market-based governance: supply side, demand side, upside, downside,* Cambridge (Massachusets), Washington D.C., Brookings Institution Press, 2002.

DURKHEIM, Émile, *La división del trabajo social,* Madrid, Akal, 1987.

EASTERBROOK, Gregg, *The progress paradox: how life gets better while people feel worse,* Nueva York, Random House, 2003.

ELLISON, Larry, «Peoplesoft non ci basta, siamo pronti a nuove acquisizioni», *Corriere della Sera,* 10 de julio de 2005.

EUROSTAT, *Yearbook 2004,* Londres, Palgrave-Macmillan, 2005.

FLORIDA, Richard, *The rise of the creative class,* Nueva York, Basic Books, 2002.

FRIEDMAN, Thomas L., *La tierra es plana,* Madrid, Martínez Roca, 2006.

GALBRAITH, John Kenneth, *El nuevo estado industrial,* Barcelona, Ariel, 1984.

HEAD, Simon, *The new ruthless economy: work and power in the digital age,* Nueva York, Oxford University Press, 2003.

HERBERT, Bob, «The mobility myth», *New York Times,* 6 de junio de 2005, página 19.

—«How China runs the world economy», *The Economist,* 30 de julio de 2005, páginas 13, 65-67.

INSTITUTE OF HIGHER EDUCATION, *Academic ranking of world universities,* Shangái, Jiao Fong University, 2005.

KAY, John, *Culture and prosperity. The truth about markets: why some nations are rich but most remain poor,* Nueva York, Harper Business, 2004.

KOTLIKOFF, Laurence J., Scott BURNS, *The coming generational storm: what you need to know about America's Economic future,* Cambridge (Massachusets), MIT Press, 2004.

KRUGMAN, Paul R., *The great unravelling: losing our way in the new century,* Nueva York, Norton, 2003.

LAUDICINA, Paul A., *World out of balance: navigating global risks to seize competitive advantages,* Nueva York, McGraw-Hill, 2005.

LEVY, Frank, Richard J. MURNANE, *The new division of labour: how computers are creating the next job market,* Nueva York, Russel Sage Foundation, 2004.

LEWIS, William W., *The power of productivity: wealth, poverty and the threat to global stability,* Chicago, University of Chicago Press, 2004.

LIND, Michael, «Are we still a middle class nation?», *The Atlantic,* enero de 2004.

MEHTA, Suketu, «A passage from India», *International Herald Tribune,* 13 de julio de 2005, página 7.

MOKYR, Joel, *The gifts of Athena. Historical origins of the knowledge economy,* Oxford, Princeton University Press, 2002.

MOORE, Mark H., *Gestión estratégica y creación de valor en el sector público,* Barcelona, Paidós Ibérica, 1998.

MURPHY, Liam, Thomas NAGEL, *The myth of ownership: taxes and justice,* Nueva York, Oxford University Press, 2002.

NARDUZZI, Edoardo, *Sesto potere,* Soveria Manelli, Rubbettino, 2004.

NEMO, Philippe, *¿Qué es occidente?,* Madrid, Gota a Gota, 2006.
NEWMAN, Katherine S., *Falling from grace, Dawnward mobility in the age of affluence,* Berkley, University of California Press, 1999.
OCDE, *Information technology outlook,* Paris, 2004.
—*Science, technology, and industry outlook,* Paris, 2004.
—*Pensions at a glance: public policies across OECD countries,* Paris, 2005.
OSBORNE, David E. y Ted GAEBLER, *La reinvención del gobierno: la influencia del espíritu empresarial en el sector público,* Barcelona, Paidós Ibérica, 1995.
PACI, Massimo, *Nuovi lavori, nuovo welfare,* Bolonia, Il Mulino, 2005.
PETERSON, Peter G., *Running on empty. How the democratic and republican parties are Bankrupting our future and what Americans do about it,* Nueva York, Ferrar, Straus and Giroux, 2004.
PORTER, Michael E., Klaus SHWAB, Augusto LOPEZ-CLAROS (editores), *Global Competitiveness report 2005-2006: policies underpinning rising prosperities,* Londres, Palgrave-Macmillan, 2005.
PRAHALAD, Coimbatore Krishna Rao, *La fortuna en la base de la pirámide: cómo crear una vida digna y aumentar las opciones mediante el mercado,* Barcelona, Ediciones Granica, 2005.
— y Venkat RAMASWAMY, *El futuro de la competencia: creación conjunta de valor único con los consumidores,* Barcelona, Ediciones Gestión 2002, 2004.
PRESTOWITZ, Clyde, *Three billion new capitalists: the great shift of wealth and power to the east,* Nueva York, Basic Books, 2005.
QUADANGO, Jill, *One nation uninsured. Why U.S has no national health insurance,* Nueva York, Oxford University Press, 2005.
RAJAN, Raghuram G., Luigi ZINGALES, *Saving the capitalism from the capitalists,* Nueva York, Crown Business, 2003.
REICH, Robert B., *El trabajo de las naciones,* Madrid, Javier Vergara, 1993.
ROSENTHAL, Neal H., «The shrinking middle class: mith and reality», *Monthly Labour Review,* marzo de 1985, páginas 3-10.
RHEINGOLD, Howard, «The power of us. Mass collaboration on the internet is shaking up business», *Business Week,* 20 de junio de 2005.
SAMUELSON, Paul A., «Where Ricardo and Mill rebut and confirm arguments on mainstream economists supporting globalization», *Journal of Economics Pespectives,* XVIII, nº 3, verano de 2004 (*a*), páginas135-146.
—«An elder challenges utsourcing's orthodoxy», *New York Times,* 9 de septiembre de 2004 (*b*).
SCOTT, Jenny y David LEONHARDT, «Class in America: shadowy lines that still divide», *New York Times,* investigación en once entregas, del 15 de mayo al 12 de junio de 2005.
SHILLER, Robert J., *Exuberancia irracional,* Madrid, Taurus, 2003.

SHILLER, Robert J., *El orden financiero: el riesgo económico en el siglo XXI,* Madrid, Turner, 2004.
SHIPLER, David K., *The working poor: invisible in America,* Nueva York, Knopf, 2004.
SHWARTZ, Barry, *The paradox of choice. Why more is less,* Nueva York, Harper Collins, 2004.
STIGLITZ, Joseph E., *El malestar en la globalización,* Madrid, Taurus, 2004.
TODD, Emmanuel, *La ilusión económica: ensayo sobre el estancamiento de las sociedades desarrolladas,* Madrid, Punto de Lectura, 2001.
TREMONTI, Giulio, *Rischi fatali,* Milán, Mondadori, 2005.
TYSON, Laura D´Andrea, «How Bush widened the wealth gap», *Business Week,* 1 de noviembre de 2004.
«USA, la revoluzione viola del leader "atipico" che spacca il sindicato», *Corriere Della Sera,* 28 de julio de 2005.
WARREN, Elizabeth, Amelia WARREN TIAGY, *The two-income trap,* Nueva York, Basic Books, 2003.
— y WESTBROOK, Jay, Teresa A. SULLIVAN, *The fragile middle class. Americans in dept,* New Haven, Yale University Press, 2000.
WESSEL, David, «Moving up. Challenges to the American Dream» *Wall Street Journal,* investigación en cinco entregas que empezó el 12 de mayo de 2005.
WOLF, Martin, *Globalization works,* New Haven; Londres, Yale University Press, 2004.

Este libro se acabó de imprimir
en el mes de octubre de 2006
en Madrid